Bärbel e Manfred Mohr

SAbedoria do cORaÇÃo

Tradução: Bianca Wandt

pare de lutar
e aprenda a usar os poderes
que a natureza já te deu

Título original alemão: *Fühle mit dem Herzen und du wirst deinem Leben begegnen.*
© KOHA Verlag GmbH, D-Burgrain, 2ª ed., 2007.

Direitos da edição em Português © 2009.
Editora Vida & Consciência Ltda.
Todos os direitos reservados.

Direção de Arte: Luiz A. Gasparetto
Projeto Gráfico: Daniel Pecly
Preparação e Revisão: Fernanda Rizzo Sanchez

1ª edição – Maio 2009
5.000 exemplares

Dados Internacionais de Catalogação na Publicação (CIP)
(Câmara Brasileira do Livro, SP, Brasil)

Bärbel e Manfred Mohr
Sabedoria do coração: pare de lutar e aprenda a usar os poderes que a natureza já te deu/
Bärbel e Manfred Mohr; tradução de Bianca Wandt. -- São Paulo:
Centro de Estudos Vida & Consciência Editora.
Título original: Fühle mit dem Herzen und du wirst deinem Leben begegnen
Bibliografia.
ISBN: 978-85-7722-059-5
1. Atrações 2. Autoajuda - Técnicas 3. Desejos 4. Emoções 5. Felicidade 6. Pensamento 7. Realização pessoal 8. Sentimentos I. Mohr, Manfred, Bärbel. II. Título.

09-03782   CDD-152.4

Índices para catálogo sistemático:
1. Sentimentos : Psicologia 152.4

Publicação, distribuição, impressão e acabamento
Centro de Estudos Vida & Consciência Editora Ltda.
Rua Agostinho Gomes, 2312
Ipiranga – CEP 04206-001
São Paulo – SP – Brasil
Fone/Fax: (11) 3577-3200 / 3577-3201
E-mail: grafica@vidaeconsciencia.com.br
Site: www.vidaeconsciencia.com.br

Proibida a reprodução total ou parcial desta obra, de qualquer forma ou por qualquer meio eletrônico, mecânico, inclusive através de processos xerográficos, sem permissão expressa do editor (Lei nº 5.988, de 14/12/73).

Créditos

Sumário

Introdução ... 7

Parte I

Indicações de Manfred de que vivemos a Nova Era do Sentimento ... 11

As experiências de Bärbel com o "rolo de grama" e a correlação com nossos sentimentos ... 15

Pensamentos geram sentimentos ... 18

Apenas quem move corações, move o mundo ... 27

"Salvando por cima" dos antigos sentimentos ... 31

"Salvando por cima" das baixas de ânimo ... 37

A Lei da Atração ... 43

Pensamentos geram sentimentos e sentimentos geram pensamentos ... 48

Desejos do coração e a força do não ... 55

A vibração do nosso ego ... 59

Seus amigos "dão conta do recado" ... 66

Aprendendo a dar os primeiros passos no campo dos sentimentos ... 69

O que quero realmente? ... 74

A voz do coração ... 77

Parte II

Sentimentos no subconsciente ... 85

Sentimentos querem vir para a Terra ... 93

Por mais tipos de sentimentos ... 99

Todo sentimento encerra o seu oposto ... 107

O coração no encontro com o sentimento — sobre a Cabala Judaica ... 116

Da perda do "sentir no âmago do ser" 120
Resolvendo sentimentos reprimidos 126
Exercício do álbum de fotografia — sentindo esgotar completamente os sentimentos antigos 130
Nem sempre é preciso saber a causa... 137
Pensamentos existem para criar! 145
"Sentir no âmago do ser" — o Paraíso na Terra 147
Eu e você — dois perfeitos espelhos 154
O exercício dos animais 161
Exercícios de sentimento para clientes do Universo 168
Por que os desejos do coração são mais fortes? 171
A oração baseada nos sentimentos 174
Redefinir o trabalho em si mesmo: bom é quando há prazer 178

Parte III

Para-raios da força elementar 183
Da utilidade dos sentimentos negativos 189
A nobre utilidade do Kitsch e os estereótipos sentimentalistas 192
"Poder fazer" e "ter de fazer" 195
Novos empreendimentos na nova Era do Sentimento 202
Os últimos serão os primeiros 207
Sentindo mais saúde física 214
O amor é a força mais intensa no Universo 219
Desejos de paz mundial e Cia. 224
Como se comunica amor? 230

Anexo

Meditação para ler e sentir 237

"Todas as grandes descobertas serão feitas por aqueles que colocarem o sentimento à frente de suas reflexões."

C. H. Parkhurst

"Sem dúvida alguma nos tornaremos aquilo que imaginamos ser."

M. Bristol

"A intuição é um presente de Deus, o cérebro pensante, um servo fiel. É paradoxal que veneremos o servo e profanemos a dádiva divina."

Albert Einstein

Introdução

Bärbel e Manfred são casados. É necessário que tal fato seja bem esclarecido, porque facilmente acontecem confusões a esse respeito, visto que Clemens Maria Mohr, co-autor do livro de força mental da Bärbel, *Die Mohr-Methode* (O Método Mohr, em tradução livre), tem, por acaso, o mesmo sobrenome.

Enquanto Bärbel prefere fazer encomendas ao Universo[1], Manfred estuda, há anos, os efeitos dos sentimentos sobre a realização de nossos desejos. Muitos de seus

---

1 Nota da Tradução: Bärbel Mohr é autora do livro *Bestellungen beim Universum* (Encomendas ao Universo, em tradução livre, obra ainda não publicada no Brasil), um manual para a realização de desejos, seu primeiro grande sucesso (1998) e fio condutor de seu trabalho como escritora e ministrante de seminários. Para quem deseja mais informações a respeito desta obra, pode encontrá-la traduzida em alguns idiomas, por exemplo, em inglês, *The cosmic ordering service*, e em espanhol, *Encargos al Universo*.

impulsos e ideias se desenvolveram por meio dos seminários de Waliha Cometti[2]. A ela agradecemos profundamente a generosidade de sua permissão para fazermos uso dos princípios por ela desenvolvidos. De uma maneira ou de outra, tudo é uma unidade e, a despeito disso, cada um desenvolve "o seu", diz Waliha Cometti. Como se pode querer colocar um selo *copyright* na Unidade do Todo onde, em última análise, todos nós vamos buscar, de qualquer modo, todas as referências? Agradecemos, também, pela sabedoria e amabilidade deste ponto de vista.

Pelo fato de Bärbel não estar familiarizada com a doutrina de Waliha, mas, em contrapartida, com muitas outras, isso a levou a longas discussões e experimentos no próprio corpo e no âmbito de seu relacionamento conjugal. Finalmente, Bärbel e Manfred, tendo diversas doutrinas como base e por meio da experiência pessoal, continuaram a pesquisar juntos e trouxeram à luz, algo, em parte, surpreendente a respeito da força dos sentimentos.

"Construir a própria realidade por meio da força do sentimento é a ferramenta do futuro. Estamos apenas no começo de nossas descobertas de que com sentimentos tudo é possível e de como os sentimentos realmente atuam", diz Bärbel; "no momento, encontramo-nos em meio a uma Nova Era do Sentimento, mas ainda não nos demos conta disto", é o que explica Manfred.

---

[2] N. T.: mestre espiritual, que se baseia nos princípios do Sufismo (corrente mística e contemplativa do Islamismo), estes, todavia, mesclados à sua própria percepção mediúnica e liberal aperfeiçoamento pessoal – www.waliha.ch (informações em alemão).

Bärbel e Manfred Mohr desejam que você sinta bastante felicidade ao descobrir a própria força dos sentimentos.

Pensamentos Geram Sentimentos

INDICAÇÕES DE MANFRED DE QUE VIVEMOS A NOVA ERA DO SENTIMENTO

As últimas décadas foram caracterizadas pela compreensão racional e pelo pensamento positivo, portanto, os critérios emocionais se tornam cada vez mais importantes em nossa vida diária. Subitamente, aparece na previsão do tempo uma chamada "sensação térmica". Pouco ainda se fala em quociente de inteligência (QI), em vez disso, se faz uso frequente do "quociente da inteligência emocional" (QE). Quando, antes, dizíamos: "Pense um pouco sobre isso", nos dias atuais, quase sempre usamos a pergunta: "Como isso é para você?". Todos esses indícios parecem apontar para uma única coisa: possivelmente nos encontramos, neste momento, em meio a uma mudança — do pensamento analítico rumo à compreensão emocional.

Até mesmo as saudações no fim de nossas cartas mudaram. Em alemão, está *out* escrever "saudações", agora se escreve "amáveis saudações". As revistas de motociclismo foram as que mais se modificaram. Antes, havia uma página dupla com uma grande fotografia do veículo e todos os detalhes técnicos. Hoje, a mesma página dupla traz uma foto de uma paisagem em formato grande, estradas sinuosas e uma imagem da motocicleta, pequenininha, lá embaixo, num canto. O que ali se oferece é o *sentimento* de liberdade, em vez de informações objetivas sobre função e técnica. Da razão ao sentimento — até mesmo numa revista de motociclismo.

Para explicarmos melhor, dividimos este livro em três grandes partes. Primeiramente, consideramos o tema partindo da razão e nos dedicamos ao fato de que pensamentos geram sentimentos. O pensamento positivo baseado nesta constatação é de suma importância para, em primeiro lugar, libertar-nos de nossa tendência demasiadamente humana e marcada pelo ego, de julgar e considerar negativas todas as coisas. **O ego aprecia o "negativo". Com isso, ele se faz notar e assume ares de importância.**

Aquele que, apesar de todas as resistências, conseguiu pensar mais positivamente do que negativamente, está a meio caminho da felicidade. A essa altura, o ego se refina um pouco e nossa vibração se eleva. Agora, entra em jogo a segunda parte deste livro, pois também os sentimentos possuem vida própria e não são conscientemente defináveis somente a partir da razão. Nós reprimimos muitos sentimentos e eles, copiosamente, voltam a ser servidos na bandeja do nosso subconsciente, a fim de serem vivenciados e descobertos. Ao mesmo tempo, **o ego desempenha, mais uma vez, um papel importante, visto que, além da preferência pelo "negativo", tende também a se identificar com sentimentos e, por conseguinte, não escapa dos sentimentos ruins.** Na segunda parte deste livro, aprofundamo-nos no *sentimento* e procuramos chegar mais perto emocionalmente deste tema.

Por fim, na terceira parte, dedicamo-nos, ainda, às

aplicações práticas. Que efeitos os sentimentos podem ter sobre o corpo e o mundo físico? Aqui são tratados assuntos como saúde, relacionamentos e influências concretas de nossos sentimentos sobre nosso corpo e o meio em que vivemos.

Daremos ênfase à força do sentimento. Por que os desejos do coração são mais fortes? O que significa, de fato, "estar no coração"? Como se correlacionam ego e sentimento? O Talmude[3] já dizia:

Presta atenção em seus pensamentos, pois eles vão se tornar palavras.
Presta atenção em suas palavras, pois elas vão se tornar atos.
Presta atenção em seus atos, pois eles vão se tornar hábitos.
Presta atenção em seus hábitos, pois eles vão se tornar seu caráter.
Presta atenção em seu caráter, pois ele determinará seu destino.

Mas, em continuação análoga, gostaríamos, ainda, de acrescentar:

Presta atenção em seus sentimentos, pois eles formam energia e, com ela, a sua vida!

Pois cada energia atrai energias semelhantes (pessoas, comportamentos etc.). E, assim, chegamos à já bastante conhecida lei da atração, sobre a qual gostaríamos de contribuir um pouco mais, alguns capítulos adiante.

---

3 N. T.: uma das maiores obras judaicas, quase toda escrita em aramaico. Contém as explicações da *Lei Oral*, baseada na *Mishnah* — codificação da *Lei Oral*.

Resumo

Sentimentos são cada vez mais atraentes. QE em vez de QI. Ao fim de uma carta, escrever "amáveis saudações" no lugar de apenas "saudações" passou a ser algo cada vez mais frequente (na Alemanha). Até mesmo a previsão do tempo tem nos informado ultimamente a "sensação térmica". O homem está a caminho da aproximação de seus sentimentos!

As experiências de Bärbel com o "rolo de grama" e a correlação com nossos sentimentos

Quando se quer plantar grama em rolo, primeiramente, é preciso que se arranque a grama velha, que se ponha uma boa camada de uma mistura de terra e areia por cima e, só então, que se disponha o rolo de grama nova, senão, o mato antigo cresce.

O mesmo acontece com os velhos sentimentos. Quando simplesmente se colocam novos sentimentos sobre os velhos, eles reaparecem depressa demais. É preciso arrancá-los antes e jogar uma camada de terra e areia por cima, para que os novos sentimentos se enraizem bem e com rapidez, de modo que os antigos se tornem genuinamente húmus **e, como experiência de vida, ainda formem, bem lá no fundo, o fertilizante ideal para a sabedoria, para uma capacidade de amar mais madura e para a gratidão**, em vez de continuarem crescendo simplesmente como mato e voltando a aparecer.

Eu experimentei isso — ambas as coisas, rolo de grama e velhos sentimentos. Se simplesmente se coloca o novo rolo de grama sobre grama velha, musgo ou mato, então — pensei bem ingenuamente — as velhas plantas não recebem mais luz, encolhem-se e está acabado. Isso teria sido ótimo. Semanalmente suspendi o rolo de grama em diferentes lugares e o que realmente aconteceu foi que a grama nova não tinha nada em que pudesse se arraigar, pois estava sobre a terra aplainada da grama antiga. As raízes novas tinham, primeiro, de se esforçar muito, antes de, em algum momento, conseguirem alcançar a terra. E porque a terra já era mesmo ruim (uma mistura de restos de material de obra da casa), a grama também nunca foi boa.

Um dado inteiramente novo para mim foi o quanto

é esquisita a forma como a grama velha e o mato simplesmente continuam crescendo por debaixo do rolo de grama nova. Por causa da falta de Sol, eles ficam brancos, mas continuam crescendo implacáveis e escavam na terra seu caminho ascendente, rumo à luz.

Eu tive logo de pensar em antigos sentimentos, assim que, com todo espanto, vi isso pela primeira vez. Encobrir não adianta nada! De tempos em tempos, os velhos sentimentos crescem de qualquer jeito, mesmo sem a luz do Sol. Quando os extraímos, previamente (arrancando-os pela raiz) e colocamos, por cima, antes de cultivarmos os sentimentos novos, um novo solo, rico e fértil, então, é o fim de tudo o que é "velho", nada de ruim sobrevive. O máximo que pode acontecer é que, aqui ou ali, apareça, vez por outra, uma plantinha fraca, que não oferece mais perigo algum.

Assim sendo, pretendemos com este livro arrancar os velhos sentimentos pelas raízes, de forma bastante simples; preparar o solo para novos sentimentos; semear e cultivar novos sentimentos. Também observamos, exaustivamente, de que forma os sentimentos contribuem para a construção da nossa realidade e como podemos nos beneficiar deles. E se não conseguimos alcançar tudo isso porque só temos as mais diversas preocupações girando na cabeça, a peça fundamental neste jogo é a comunicação, ao próprio coração, do sentimento que lá está escondido e, também, de nossos profundos *desejos do coração*. Ali, no coração, deparamos com muito mais sentimentos do que "na cabeça".

Os sentimentos formam energia e contribuem para a nossa força criativa, além de proporcionarem à vida um colorido grandioso e brilhante, visto que o racionalismo puro só nos pode apresentar a vida em preto e branco. E viver de verdade significa ver, experimentar e sentir "em cores" e não apenas em preto e branco.

"Sinta bastante e perceba no coração" é o lema deste livro e quer dizer: "Olhe bem para você neste momento, direcione sua atenção para o coração e, de lá, para alguma coisa no ambiente que lhe traga um sentimento bom, desfrute desse sentimento positivo tão longamente quanto for possível".

Sendo assim, "sinta bastante" ao dar continuidade à sua leitura.

Resumo

Simplesmente "cobrir", "abafar" sentimentos antigos, não contribui em nada para a superação. "Arrancá-los pela raiz, cavar e semear o novo que vem do coração" é a mensagem do momento.

Pensamentos geram sentimentos

Que os sentimentos são uma espécie de pensamentos sintetizados e que, certamente, não seriam só "sentimentos", ocorreu-me (Bärbel) pela primeira vez muitos anos atrás. Naquela época, eu ainda estava radicalmente fechada a todos os conceitos esotéricos. Eu me encontrava numa fila de espera, no guichê de um determinado evento. Na minha frente estava uma mocinha, tal como eu era naquele tempo. Pela minha perspectiva, percebi, imediatamente, que suas costas eram espantosamente curvadas. Pensei em uma grave escoliose, pois minha melhor amiga da escola também sofria com isso e sempre usava um colete para não ficar com as costas curvadas daquela maneira.

A moça na minha frente tinha realmente as costas excessivamente curvadas. E eu me perguntava como alguém deve se sentir, tendo de andar por aí carregando um problema desses. De repente, ela começou a conversar com sua amiga e se virou. Ela ficou exatamente num ângulo de 90° diante de mim e, dessa forma, pude ver seu rosto muito bem. "Estranho", pensei. "O rosto dela não parece ser o de quem teria esse problema de costas curvadas. Ela não aparenta estar se sentindo como alguém deve se sentir quando tem um problema como esse", continuei refletindo.

Em seguida, questionei-me sobre qual tipo de *disposição básica de ânimo* ela possuía. Analisei, minuciosamente, seus olhos e expressões faciais e nada identifiquei. Para mim, estava simplesmente claro que ela, de alguma maneira, transmitia uma *disposição de ânimo* de serenidade sem quaisquer preocupações. Na verdade, ela não podia ter as costas curvadas. "Humm", continuei refletindo naquele momento. "Quem sabe ela tenha só se machucado praticando esporte ou algo do gênero, e está usando bandagens espessas nesta parte do corpo e, debaixo desse casaco de inverno, fica parecendo que ela tem as costas curvadas. Analisei seu rosto mais uma vez e concluí que ela também não aparentava ser como alguém que, há pouco, sofrera dores ou passara por um acidente. Ao mesmo tempo, achei-me louca por querer ver isso a partir de um rosto. Era o sentimento que eu tinha, cada vez que analisava suas expressões faciais. Eu sentia, sentia, sentia e suspirava alto, porque não conseguia desvendar o enigma. De repente, ela rearrumou seu cachecol. E, com isso, o que pude desvendar à distância é que seu casaco tinha um capuz. Ela, provavelmente, vestiu rápido o casaco sem prestar atenção e o capuz foi parar debaixo do casaco, de modo que, de um lado, formou-se uma bola fofa, que ficava parecendo uma deformidade nas costas. Ela não tinha deformidade nenhuma nem usava bandagem espessa, era somente um casaco vestido com desleixo.

Eu pouco aproveitei esse determinado evento, porque fiquei remoendo, o tempo inteiro, como eu pudera ter enxergado isso nela. Como completa cética que ainda era naquela época, algo assim me arrasava completamente.

A ciência contemporânea tem, nesse meio tempo, alguns princípios elucidativos a oferecer. Eles se chamam *neurônios-espelho*. Resumindo bastante, os pesquisadores descobriram que nosso subconsciente é capaz de integrar os menores movimentos, expressões faciais, linguagem corporal e tom de voz, em uma impressão geral e, assim, simular, no próprio corpo, o sentimento que o outro está tendo no momento.

Supondo que meu semelhante está triste, mas se comporta bem alegremente, algo em mim analisa o verdadeiro sentimento dele e meus neurônios-espelho enviam os mesmos sinais, como se eu também estivesse triste. Em outras palavras: **eu sinto em mim como o outro se sente.**

Infelizmente não tinha conhecimento sobre neurônios-espelho na minha juventude e só pude ficar intrigada. Naquele tempo, em minha autoanálise, cheguei ao resultado de que algo em mim "escaneava" precisamente a pessoa inteira diante de meus olhos e me tornava empática à sua disposição básica de ânimo. E meu subconsciente certamente sabia, dada a alguma experiência de vida que eu já acumulava, que algo não se encaixava e que pessoas fisicamente delibitadas geralmente irradiam um outro estado de espírito. Minha antiga amiga da escola foi o melhor exemplo que eu possivelmente tenha internalizado. E, continuando a remoer o assunto, finalmente cheguei à conclusão de que sentimentos são uma espécie de pensamentos sintetizados. Em algum momento, nosso subconsciente, com certeza, capta muitos sentimentos e impressões dos mais diversos tipos, como um sentimento inteiro, abrangente. Este é o seu jeito de economizar espaço. E esse sentimento não combinava com aquele que a mocinha diante de mim, na fila de espera, transmitia. Sem precisar separar novamente as impressões em pensamentos isolados, o sentimento me comunicou a análise praticamente completa: aqui há algo que não está combinando!

Por conseguinte, é uma arte perceber exatamente os próprios sentimentos e ordená-los. Eles são a base de nossa intuição e nosso sistema de navegação pela vida. Se nos desligamos de nossos sentimentos, perdemos, constantemente, nossa meta desejada, porque percebemos a voz de nosso sistema interno de navegação cada vez mais distorcida. Sentimento é o mesmo que " a voz do navegador". Se me desligo de meus sentimentos, se fujo deles ou os reprimo, ao mesmo tempo me desligo do navegador.

Para que possamos nos reaproximar de nossas metas, temos de inspecionar nossos sentimentos o

mais precisamente possível, para que, assim, possamos novamente ouvir melhor a voz do nosso "sistema interno de navegação".

Por outro lado, os sentimentos também não são absolutos ou "mais espertos" do que nós, pois somos nós que os geramos. Eles são nossos pensamentos em síntese. Quando, então, eu, insistentemente, chafurdo em sentimentos de autopiedade, isso nada tem a ver com "eu estou aprendendo a conhecer melhor o meu navegador" e sim significa que eu determinei como meta, em minha navegação, "problemas, carências, doença, separação". Sentimentos são, a um tempo, navegação e síntese de desejos. Isso, sabemos, torna as coisas um pouco confusas!

Sentimentos recentes, que acabam de ser criados, são como a voz do nosso navegador nos dizendo qual caminho seguir. Nossa disposição básica de ânimo, em contraposição, é a meta para a qual nosso sistema interno de navegação se dirige.

Com os sentimentos recentemente criados, nosso senso de bem-estar nos indica o caminho, o que nos faz bem e o que não faz. A meta, por sua vez, é sempre uma só; ela se dá a partir dos sentimentos que regularmente se repetem. Sentimentos de separação nos levam para o fundo da solidão, mesmo quando nós, de modo puramente mental, desejamos uma vida a dois. *Clientes do Universo* conhecem bem isso: quando faço uma encomenda ao Universo (vida a dois) e não consigo relacionar isso, ao menos inicialmente, com um sentimento de inteira confiança; quando, em vez disso, predominam permanentes preocupações e carências, então, geralmente, terei de esperar pela *entrega* por mais tempo. E quando a encomenda for entregue, a entrega terá sempre uma marca indentificadora.

Prestar atenção aos sentimentos é, fundamentalmente, um desenvolvimento do desapego ao se fazerem *encomendas ao Universo*. As únicas coisas das quais tenho de me desapegar são as preocupações, as dúvidas, carências. Sentimentos como inteira confiança na alegria antecipada, obviamente não necessitam de que eu me desapegue deles, eles não atrapalham nunca, muito pelo contrário. Como um imã atraem para a minha vida tudo o que desejo. Na verdade, nós poderíamos ter chamado este livro de "Desapego para usuários avançados" — porque isso acontecerá, no final, de forma mais ou menos parecida.

Retomemos o tema a respeito do sentimento de falta, das carências na solidão. É como se o sentimento de separação, automaticamente, se tornasse um alvo ou meta que registramos em nosso sistema de navegação e, então, nossos sentimentos nos dirigem exatamente para esse alvo, cada vez mais profundamente. Como? Tomemos como referência um simples exemplo: uma pessoa se sente solitária, sem companhia, separada de tudo. Esse sentimento é a disposição básica de seu ânimo. De repente, uma pessoa alegre e simpática chega até ela e deseja estabelecer contato. Bem, uma pessoa com a meta subconsciente de "continuar solitária", automaticamente, considera essa pessoa repulsiva. Fica com medo e acha absolutamente suspeita a sua alegria. *Isso não pode ser verdade!* Então, ela abomina a pessoa o mais rápido que pode. Só é possível estabelecer contato com pessoas igualmente melancólicas e mal-humoradas e nada diferente disso. Dois chatos no mesmo lugar são ótimos para um enervar o outro e, muito breve, se parte logo em dois o laço que acabou de se estabelecer. Alcançada a meta inconscientemente programada: ambos estão novamente solitários. Enquanto isso, uma pessoa com uma disposição básica de ânimo de enlace e proteção, com leveza nos contatos sociais positivos, é aceita em todos os lugares. Por esse motivo, pode-se considerar como *lei da atração*, aspectos como "indicadores, navegação e determinação automática de metas no sistema de navegação". Discutiremos sobre isso mais adiante.

O que muitos não sabem é que a navegação de nossos sentimentos funciona em duas direções. Decisões tomadas em consequência de sentimentos negativos, na realidade, levam-nos, quase sempre, para longe do nosso objetivo, ao passo que o contrário leva-nos para perto de tudo o que desejamos. Neste particular, claro que é necessário mobilizar a razão. Se quase nos atropelam no trânsito, certamente a decisão de correr com medo é boa. No entanto, refiro-me a situações menos críticas, como por exemplo:

Dois colegas que exercem as mesmas funções em uma empresa. Um odeia o trabalho, os colegas o irritam, acha o chefe insuportável e quer sair de todo jeito para encontrar um trabalho melhor. O outro é muito agradecido por ter o trabalho, que lhe concede uma base segura para o seu sustento. Deste trabalho, ele tira o máximo de proveito, enxerga o lado positivo de seus colegas e compreende os problemas do chefe. De repente, ele fica sabendo de uma nova possibilidade de trabalho que aguça seu interesse e o inspira. Ele fica curioso a esse respeito e um desejo de mudança cresce em seu interior.

O acaso fez com que ambos os colegas tenham encontrado a mesma oferta de emprego no jornal e que se apresentem em uma entrevista nessa determinada empresa. Os conhecimentos prévios são idênticos. Ambos são igualmente aptos para o trabalho. Se o novo chefe estiver com a sua intuição mais ou menos em dia, a quem ele dará o emprego? Àquele que, por frustração, quer sair do emprego, ou, àquele que, pela alegria trazida pela nova ideia, quer se modificar? O Universo funciona segundo as mesmas leis que o chefe (a menos que ele também seja um frustrado e encontre *eco* especialmente com gente frustrada).

O Universo considera a vibração da alegria mais atraente e, por esse motivo, oferece mais possibilidades às pessoas com essa mesma vibração.

Quase nunca aparece um trabalho novo em sua vida, porque seu trabalho tem afinidade com sua frustração constante. Trabalhos novos lhe serão quase sempre oferecidos por pessoas que percebem em você um potencial positivo e, por esse motivo, com todo prazer, gostariam, sim, de lhe dar a chance de desenvolvê-lo.

No documentário "Quem somos nós?" (ano 2005, *What the bleep do we know?*, www.bleep.de), os cientistas relatam que a consciência processa 40 bits por segundo e o subconsciente, 40 milhões de bits por segundo. Em comparação a todo o sistema da percepção humana, incluindo todos os processos internos, nossa consciência "não sabe quase nada". Só podemos ter acesso ao conhecimento subconsciente por meio de nossos sentimentos, não por meio da razão. Um sentimento pode sintetizar um "pacote" de perfeitas e intermináveis impressões isoladas e pensamentos, à medida que ele sinaliza: "bom, ruim, luto, alegria, me faz bem, não me faz bem". **Nossos sentimentos nos navegam pela vida. Siga o sentimento de bem-estar, ele vai levá-lo ao caminho de si mesmo e de seu mais alto potencial**.

Nosso sistema de navegação tem também uma determinação automática de metas. Padrões repetitivos de pensamento serão novamente sintetizados como sentimento e, exatamente esse sentimento é que seguimos, inconscientemente, tal qual um objetivo secreto: "Sem dúvida alguma nos tornaremos o que imaginamos ser" — M. Bristol.

Exemplos:

• Sinta-se não-amado e você não será mesmo amado.

• Sinta-se como vítima e você será sempre vítima e vai se tornar apenas isso, uma vítima.

• Sinta-se discriminado e você será discriminado por todos.

Isso não é injusto, trata-se apenas de uma lei da natureza. Como você se sente quando uma pessoa se apresenta diante de você, numa postura quase como se arrastando e se curvando, além de iniciar cada frase com as seguintes palavras: "Eu sei, o senhor também não vai me dar o que eu mereço, mas..."? Que vontade você tem de dar algo a uma pessoa assim? Ninguém tem vontade, e a vida também não. Você não precisa se dar ao trabalho de dizer isso tão claramente à vida, porque ela, por si só, percebe exatamente qual é a sua *disposição básica de ânimo* e lhe *entrega* muito mais do que, de todo modo, você já sente, porque presume que é exatamente isso que você gostaria de ter!

Em outras palavras, quanto mais você reclama e se sente mal, haverá muito mais coisas para reclamar na semana que vem! A vida diz a você: "Olha, eu lhe dou tudo o que quiser, mas eu não conheço nem letras nem palavras. Eu só conheço formas de pensamento, imagens internas e sentimentos. Os que funcionam melhor são os sentimentos, porque eles resumem seus pensamentos em uma só coisa. Ou então, pensamentos claros que, por si sós, mantêm-se simples e diretos, sem serem apagados por sentimentos contraditórios...". Para cada sentimento que você tem, regularmente, na mesma hora, chega ao Universo uma "assinatura" permanente deles!

Resumo

Sentimentos recentes, que acabam de ser criados, são como a voz de nossa navegação, que nos indica qual caminho tomar. A nossa disposição básica de ânimo, em contraposição, é a meta para qual nossa navegação interna se dirige.

Apenas quem move corações, move o mundo

A razão existe para, em primeiro lugar, determinar o que queremos construir. Por exemplo, dizendo mais claramente, o que queremos *encomendar ao Universo*.

Para atrairmos como um imã o que queremos para nossa vida, a razão é inadequada. Só o sentimento consegue isso! Acredito que isso seja fácil de se compreender.

Um conferencista que debate apenas lógica e objetivamente e não desperta nenhum tipo de emoção no público, tende a fazer com que os expectadores adormeçam. Ele é rapidamente esquecido e desperta poucas manifestações de participação. Supostamente, será difícil alguém ainda recomendá-lo. O mesmo acontece na música: quando alguém toca um instrumento, apenas com perfeição técnica, mas não transmite sentimento algum pela música, então ele também é entediante para todos. Apenas quem move corações, move o mundo.

E com o Universo é exatamente a mesma coisa. Se eu "empurro" para ele, sem emoção alguma, informações a respeito das *encomendas*, eu desperto pouco "cooperativismo universal". Nesse caso, até mesmo no Universo as coisas caminham lenta e burocraticamente.

Imaginemos, agora, um conferencista que promove o mesmo debate, que transmite ondas, montanhas de sentimentos. No final, é aplaudido de pé e as pessoas correm até ele, **pois o sentimento que as alcançou quer se manifestar**. Ou elas têm de, imediatamente, contar a alguém o que aconteceu, ou elas cantam, assoviam, dançam ou pensam como elas mesmas poderiam contribuir ao que foi falado. O mesmo acontece em um concerto emocionante, após o qual, o sentimento se expressa em nosso jeito de andar no caminho de volta para casa, em nossas conversas, em nossos sonhos. O que nos toca se propaga, de uma maneira ou de outra. E quem toca as pessoas assim, não importando se conferencista ou músico, exerce uma intensa influência sobre o público. Quanto mais uma pessoa for capaz de mover corações, muito menos "propaganda" ela precisará fazer. A propaganda boca-a-boca a presenteia sempre com a *casa cheia.* O sentimento que o conferencista emite gera uma atração inexorável.

E já que, afinal, nós vivemos em uma Unidade do Todo e somos o próprio universo que habitamos (Física Quântica etc.), isso funciona de forma idêntica: o Universo reage de forma muito parecida com nosso próximo, porque o próximo é constituído segundo as mesmas leis, assim como o Universo. Tudo é uma coisa só e para todos e, para tudo, valem as mesmas leis.

Se você quiser mover o Universo, tem de conseguir isso por meio de seus sentimentos. Você tem de causar influência sobre todos os seres celestiais energéticos, com uma propaganda boca-a-boca, de modo que essas energias sejam rapidamente atraídas com toda força e queiram, imprescindivelmente, contribuir para a manifestação do que você escolheu para você mesmo.

Agora, claro que muitos vão perguntar: "O quê? O Universo é tão meticuloso que chega a escolher seus favoritos? Mas, conforme eu pensava, na Unidade do Todo, todos não são amados da mesma forma?". Sim, é isso mesmo. O Sol é um ótimo exemplo. Quando ele brilha, brilha para todos. Ele não faz qualquer distinção entre bom ou mau, digno ou indigno. Ele simplesmente brilha. E brilha sempre, não importa se ele agora está visível para você, ou se o tempo está nublado, ou se já é noite. Mas você pode decidir se carrega — ou não — o sol no coração".

A força do Universo não deixa de existir só porque

você não a percebe. Você decide se a carrega no coração e a utiliza, aconteça o que acontecer. Carregar o sol ou a força elementar no coração também pode ser definido como ser autoconfiante.

As pessoas autoconfiantes são mais saudáveis e vivem mais. Isso a ciência também comprova. Sem confiança, nem a roda nem a lâmpada, ou o que quer que seja, teriam sido inventadas. Sem confiança, ninguém jamais ousaria fazer alguma coisa e nada de novo seria criado. Pessoas autoconfiantes também têm mais facilidade para encontrar namorados e amigos, e até mesmo empregos e apartamentos para morar. A confiança é algo que se irradia e é contagiante. Do mesmo modo, o Universo, as pessoas... Trata-se da assim chamada *lei da atração*. "Os semelhantes se atraem", reza o dito popular. Pessoas autoconfiantes exercem um efeito positivo implacavelmente atraente sobre os outros e sobre a força elementar do Universo. Confiança é quando em todo o Universo, incluindo todos os "entregadores universais", há a notícia de que vale a pena *fazer a entrega para você*, porque você é alguém que agarra as oportunidades com unhas e dentes e delas faz o melhor que estiver a seu alcance.

Confiança é um sentimento.

E ele pode ser treinado.

Por todos nós.

Este é o tratamento igualitário conferido a todos pelo Universo, é o Sol, que brilha em toda parte, mas você só tem de saber usá-lo.

Atraindo implacavelmente "o negativo"

Sim, sim, isso infelizmente também existe, a vista de que é muito mais difícil atrair implacavelmente o positivo. A explicação que mais aprecio é a de Michael Aivanov, já descrita no livro *Reklamationen beim Universum* (Reclamações ao Universo, em tradução livre) — tudo o que existe é feito de luz: a matéria (a esse respeito, concordam os físicos quânticos modernos), mas, igualmente feitos de luz também são as situações, os sentimentos e os pensamentos. Luz é a matéria-prima de tudo. E quanto mais luz tiverem um pensamento e um sentimento, muito mais "material" terão para construir coisas. Pensamentos obscuros têm pouca luz, portanto, possuem pouquíssimo "material para construção". Por tudo isso, exige-se muito mais empenho para se fazer com que um pensamento obscuro se manifeste, do que um pensamento luminoso. Mas o sentimento gera a atração implacável propriamente dita e, em algum momento, se faz notar, quando alguém, massivamente, e com muita emoção, teme o mal, ou, ainda, quando alguém considera o medo, a miséria, o sofrimento e a dor, mais reais do que a sorte, a alegria, a liberdade e o amor.

Resumo

A mente decide o que ela quer criar.
O sentimento é o que uma atração implacável criou. Ele ocasiona um tipo de propaganda boca-a-boca em todo o Universo e atrai tudo o que combina com a vibração do sentimento. O sentimento move o Universo, assim como também move o semelhante. Ninguém reage a meras palavras. Nós reagimos sempre ao sentimento transmitido que está "por trás" delas. O Universo faz o mesmo. O Sol brilha para todos. Cada um decide, por si só, se fica à sombra ou se se expõe ao Sol, ou seja, todos têm o mesmo acesso à energia da força elementar.
Quem move corações, move o mundo, o Universo!

"Salvando por cima" dos antigos sentimentos

Por que o subconsciente é, por vezes, tão vagaroso para mudar o curso da vida? Porque ele é muito "grande". Como já falamos anteriormente, quando estamos inconscientes, processamos em torno de um milhão de vezes mais informações por segundo do que quando conscientes.

Imagine um pequeno barco a motor na Antártica. O piloto do barco vê um iceberg na sua frente. O que ele faz? Ele o contorna e desvia com uma elegante "viradinha", nenhum problema. Agora vamos imaginar um imenso petroleiro. De repente, aparece um iceberg na frente dele. O capitão dá o alarme e maneja o leme. A informação é passada para os remos. Preguiçosa e vagarosamente, o enorme remo se põe em movimento e até que o petroleiro, com toda a sua extensão, tenha mudado seu curso, o navio já se chocou contra esse e mais outros três icebergs. Um barco pequeno é mais rápido, muito mais flexível e pode, em segundos, mudar totalmente seu curso, ou então, virar completamente para o outro lado, dar a volta. Um pesado e imenso petroleiro não é flexível e é extremamente vagaroso para redefinir seu curso. Mesmo para ele executar, apenas as mínimas mudanças de direção, são necessários muitos minutos.

O "sistema ser humano", com seus 400 bilhões de bits de informação processados por segundo, assemelha-se a um petroleiro, que tem dificuldades de redefinir seu curso de um instante para o outro. A não ser que — e aqui está a diferença entre o homem e o petroleiro — todo o "sistema ser humano", com suas incontáveis células e bilhões de bits de informação, se condense, por um momento, em uma unidade, devido ao forte envolvimento dos sentimentos. Quando tal coisa acontece, e o ser humano, por um segundo, do dedão do pé, passando pelo coração e pelo espírito, até a ponta dos cabelos, uno e consciente, torna-se receptivo, então, a capacidade de desviar de um iceberg em segundos, de repente, torna-se possível.

O sentimento pode fazer de todo pesado petroleiro um ligeiro barco a motor. O sentimento genuíno também pode reformatar e "salvar por cima" (regravar), num instante, áreas inteiras do subconsciente, o HD humano. Isso simplesmente atinge muitas outras partes e "regrava" correlações conscientemente inimagináveis.

Eu me lembro de um casal, cuja esposa tendia a ser acometida por extremos ataques de raiva. O casal era capaz de gritar e de se enfurecer, enquanto a metade do mobiliário era destruída de tanta raiva. Isso parecia ser uma eterna "programação" na vida deles, até o dia em que o marido descobriu o sentimento certo que tinha de ser reformatado. Mais uma vez chegou a hora de ela dar um ataque na cozinha, quebrando um monte de louças. Depois disso, ele se encaminhou, bem calmamente, para lá e disse: "No dia do nosso casamento, prometi amá-la do jeito que você é. Eu acho que tenho de amar isso também". Ela se deteve por um momento, ficou olhando espantada, totalmente pasma. As coisas se assentaram. E esse foi o fim de todos os seus ataques de raiva. Foi só ouvir pela primeira vez a observação certa, que ela ficou arrasada. Obviamente que, hoje em dia, ela ainda pode até sentir raiva por alguma coisa, mas de modo mais comedido e, por isso, nunca mais quebrou nada.

Nesse exemplo, observamos o quanto os sentimentos são importantes. Eles aproximam e são capazes de estabelecer união. Proximidade, união, segurança, similaridade não são passíveis de discussão, todavia, sustentam um sentimento. São exatamente essas qualidades de que precisamos para que reinem a paz e o espírito de cooperação em grupos ou em equipes, seja no trabalho, seja na vida privada. Do mesmo modo, também precisamos delas para que haja paz e espírito de cooperação entre todas as células de nosso corpo e nossa consciência, ou, entre nosso subconsciente e nossa consciência. Sem chegarmos até os sentimentos, não progredimos de modo algum.

E como fazemos para chegar até os sentimentos? Há muitas possibilidades e não importa se começarmos, timidamente, pois haverá extensão e desenvolvimento de cada começo, de cada fase. Com isso, podemos começar a promover mudanças em nossa comunicação interna e, por meio de padrões repetitivos de pensamento, *regravar*, gradualmente, nossos sentimentos. Em vez de pensar: "Essa caçarola antiga me irrita, queima tudo sempre", posso modificar minha comunicação interna para: "Eu amo essa caçarola antiga, ela é original". Logo em seguida, não sentimos mesmo absolutamente nada e pensamos que isso é inútil. Mas, quando temos o propósito, de verdade, de nos tornarmos mais afetuosos, aí sim, as coisas começam a mudar. Inesperadamente, alguém lhe dá de presente uma fantástica caçarola moderna e, de súbito, você constata que, quase sem perceber, a caçarola antiga já havia tomado lugar em seu coração. Você não quer mais jogá-la fora e, em vez disso, lhe dá lugar no jardim de inverno, como um cachepô para colocar lindas florezinhas.

Ou, outro exemplo, seria a tendência a perceber sempre no seu parceiro, com particular clareza, as características negativas. "Por que ele sempre fica inseguro quando me procura? Que tonto!" Novo propósito, nova formulação: "Eu amo quando ele, sempre tão acanhado, fica inseguro". Primeiro, você não sente nada. Mas, gradualmente, vai "reformatando e regravando" o sentimento de estar irritada. E, inesperadamente, constata que, apenas muito raramente, ele fica inseguro. De algum modo, esse sentimento desapareceu da sua consciência. Em vez disso, cada vez com mais frequência, repassa-lhe uma torrente benfazeja sempre quando pensa no quanto seu parceiro a ajuda na vida. E, então, talvez você já tenha se esquecido de que ele, há poucos meses, não estava sendo tão cooperativo assim. O sentimento de união simplesmente se tornou mais forte na relação de vocês. E isso começou com uma — simples — nova intenção que, no início, não lhe pareceu ter qualquer força para realizar mudanças, porque você não sentiu nada. Mas a mudança foi, sim, aparecendo devagar.

Quanto mais você praticar coisas assim, mais se aproxima de sua força e de seu sentimento e, no momento certo, estarão à sua disposição muito mais sentimentos que também têm o poder de, para sempre, transformar positivamente uma situação.

Em nível puramente físico, também é prudente a prática de tais exercícios, pois:

Sentimentos negativos atrapalham o metabolismo, enfraquecem o sistema imunológico, causam tanto apatia quanto fraqueza e nos fazem reagir muito mais sensivelmente ao estresse, porque pensamentos e sentimentos negativos são responsáveis pela produção do hormônio do estresse, ou seja, para cada estresse "que vem de fora", mais estresse "interior" suplementar!

Sentimentos positivos podem, em segundos, extinguir os efeitos dos sentimentos negativos e "salvar por cima". Isso é como aquele aluno de escola, que odeia aula de matemática e se encontra no início de uma aula de dois tempos. De algum modo, todo o espírito de vitalidade, em geral, paralisa-se. O aluno se sente cansado, desmotivado, frustrado e pensa: "Eu não vou entender nada mesmo...".

Até o sistema imunológico e o metabolismo se paralisam quando alguém se sente desse jeito.

De repente, uma notícia dada pelo alto-falante da escola: "A direção informa: *Hitzefrei!*[4] Todos os alunos podem ir agora mesmo para casa!", leva apenas um décimo de segundo até que nosso antes letárgico aluno de matemática fique totalmente desperto e superanimado. Por quê? Porque ele tem, novamente, um sentimento positivo. Nesse momento, o metabolismo, o sistema imunológico etc., seguem adiante "trabalhando" com toda a força.

Só por prezarmos a saúde, deveríamos, portanto, priorizar a atenção voltada para os nossos sentimentos positivos. Pois, na maioria das situações do dia-a-dia, temos a escolha de como preferimos nos sentir. Os sentimentos positivos acrescidos nos tornam mais saudáveis, permitem que a intuição funcione melhor, enfim, tudo corre melhor[5].

Resumo

Comece "salvando por cima" dos habituais sentimentos negativos, por meio de um modo de observação mais positivo e assuma a responsabilidade por tudo o que você vivencia diariamente e em cada momento. Direcione sua atenção para posturas afetuosas. Ainda que você não perceba imediatamente algumas mudanças, mesmo assim elas acontecerão quando você menos esperar, do mesmo modo como acontece ao petroleiro que, gradualmente, prepara a mudança de seu curso. Além disso, todas as

---

4 N. T.: nos meses de verão, em dias de calor extremo, permissão concedida pelas escolas alemãs a todos os alunos para irem mais cedo para casa.

5 N. T.: outras dicas de leitura (em alemão): Thomas Klüh, *Erfolgsgefühle*; Werner Ablass, *Leide nicht, liebe*; Esther und Jerry Hicks, *Wunscherfüllung — die 22 Methoden*.

vezes que você for tomado, da raiz dos cabelos à sola dos pés, por um sentimento positivo, você tem nas mãos a força necessária para redefinir seus referenciais internos!

"Salvando por cima" das baixas de ânimo

No tocante à "manifestação", um sentimento particularmente favorável é o de leveza lúdica e infantil, naturalidade e alegria de simplesmente existir. A base para poder se sentir assim são sentimentos como o amor, a liberdade, a afeição. As crianças nascem com esses sentimentos básicos. Eu ainda não vi nenhum bebê que faça caretas de indiferença quando a mãe carinhosamente lhe sorri. Os bebês trazem, automaticamente, para a vida, amor, afeição e alegria. Eles também possuem o sentimento de liberdade dentro de si — a liberdade de se expressar exatamente do jeito que são ou como se sentem no momento. Nenhum bebê, quando está com fome, pensa se é este o momento adequado de "chamar" a mãe para alimentá-lo. O bebê simplesmente expressa suas necessidades, ainda com completa liberdade e sem embaraço. É a este tipo de liberdade interior a que me refiro. É melhor começarmos "por baixo".

Alguém está passando pela pior depressão e não consegue imaginar, de jeito nenhum, que também existam pessoas que se sintam realmente livres e felizes. Depressivos e melancólicos, ocasionalmente, pensam, com toda seriedade, que, no fim de tudo, toda espécie de alegria é mesmo apenas fingida e que a real dor do mundo deve estar por trás disso, escondida em algum lugar. Em um caso como este, poderíamos definir para nós mesmos, em primeiro lugar, qual é a "mais real e ainda possível disposição positiva de ânimo" que, justo neste momento, podemos acreditar que esteja a nosso alcance. Anotar num papel pode ser de grande ajuda. E quando alcançamos o que está escrito, eventualmente, novas metas podem ser estabelecidas. Mas como alcançar a *disposição de ânimo* ideal?

Exercício 1

Isso pode ser muito mais simples do que você pensa. Faça uma lista com todos os sentimentos possíveis que lhe ocorrem, dos piores aos melhores. Desde raiva, irritação, ódio e tristeza, passando por tédio, satisfação e serenidade, até euforia, paixão, amor, alegria, seja lá o que ainda lhe ocorra. Então, observe qual sentimento, nesse momento, parece-lhe viável e que, mesmo na condição em que você se encontra, parece ser melhor do que o seu sentimento presente. Das terapias clássicas, sabe-se que, deprimidos, aos poucos vão saindo da letargia e, muitas vezes, começam a se tornar irritantes e brigões. Se você encontrar alguém assim, tente compreender que não é por maldade e não se ressinta do sujeito. Quando se trata de depressão, irritação e briga representam uma melhora. Quem se irrita se sente melhor do que quem ainda está gravemente deprimido. Sendo assim, minha dica: não se sinta atacado de forma pessoal, apenas considere a irritação como uma medida de autoproteção do outro contra a depressão.

E se você quiser se livrar da depressão e está começando a sentir em si mesmo os revigorantes primeiros sinais de vida quando se irrita, então, minha dica é a seguinte: não esbravaje diretamente ao seu chefe, ao seu colega de trabalho, ao seu companheiro, ou a quem quer que seja que sempre a irrita. Em vez disso, pegue uma almofada bem fofa, cole nela a foto ou o nome da pessoa em questão e "lhe" desfira socos e mais socos. É sério. Caso, uma hora depois, você encontre o "já tão esmurrado chefe" no trabalho, é provável que você já seja até capaz de sorrir novamente e, com isso, ter o sentimento de que: "Pois é, hoje já *dei* bastante em você, chefe. Agora posso voltar a ser benevolente e até sorrir...".

Exercício 2

Você tem medo de alguém ou de alguma situação específica e, a cada encontro, sai completamente do seu centro. Não há uma regra geral, mas podemos dar uma passada de olhos na PNL (Programação Neurolinguística). São programações (metodologia de inteligência) que debilitam tudo o que "atrapalha" em nosso pensamento e reforçam em nossa mente apenas o que nos é desejável. Se, ao mesmo tempo, também procurarmos *sentir*, é poderosa essa prática.

Escolha uma imagem puramente fantasiosa, que inclua a pessoa ou a situação amedrontadora, mas na qual, no entanto, o medo se extingua por completo. Exemplos:

• O temido chefe, do tamanho de uma joaninha, sentado à mesa do escritório e, diante dele, você, do tamanho normal.

• Visualize a "pessoa toda-poderosa" com dor de barriga. Imagine que sempre que ela pretender ser desagradável, sinta dor e tenha de sair correndo para o banheiro. Por vezes, esquecemos de que todas as pessoas são apenas seres humanos, com as mesmas necessidades fisiológicas humanas comuns a todos. Uma rápida lembrança a respeito da igualdade de todos os seres humanos, em determinados aspectos, pode ter um efeito tranquilizador.

• Quando você se sente um *excluído*, em pensamento, visualize que um pequeno grupo de vinte *excluídos* o acompanha. Ou então, imagine a companhia de seus iguais *excluídos*, de modo que vocês, em número, sejam a esmagadora maioria.

• Medo de prova: imagine que está acontecendo, paralelamente, uma prova extra e secreta, além da prova principal. Quem estiver mais tranquilo durante a prova, ganha mais pontos na prova secreta. Ou imagine que o seu *"Eu" dez anos mais velho* acabou de voltar do futuro e faz a prova com toda a facilidade para você, porque ele tem mais experiência de vida, mais conhecimento e mais serenidade.

Um exemplo: uma mulher adoraria despejar toda a sua raiva sobre seu ex-marido. Toda vez que ele ia pegar as crianças, a ravia lhe subia à cabeça. Eu lhe perguntei: Se seu ex-marido fosse um animal (ver, mais adiante: *Exercício dos Animais*), qual animal ele seria? Ela, um pouco constrangida, respondeu: *Uma ratazana*. Então lhe perguntei: O que a ratazana teria de fazer para que ela se sentisse bem novamente, e a resposta foi: *Desaparecer pela canalização de esgoto*. Eu então lhe sugeri imaginar, todas as vezes que o ex estivesse diante dela, que ele era uma ratazana de esgoto que acabara de sair da canalização, e se ela ainda continuaria com raiva dele. Ela teve de rir sinceramente e a resposta foi, evidentemente, *não*. Claro que também se pode jogar esse jogo no modo positivo. Eu lhe perguntei como ela imaginaria o relacionamento ideal, e quando ela o descreveu, perguntei se ela poderia imaginar um animal que vivesse daquele modo. *Golfinhos*, foi a resposta. Então ela deveria imaginar, todas as manhãs, que era um golfinho e, todas as noites, em seus pensamentos, deveria se ver nadando por aí, satisfeita, com seu companheiro-golfinho.

Todas essas são imagens de ajuda com as quais criamos — de forma ingênua, feito crianças — sentimentos totalmente novos. E para este jogo, há apenas uma regra: vá fantasiando até o momento em que encontrar uma imagem com a qual se sinta bem. Tome nota num papel e a visualize sempre, seja de manhã cedo, seja à noite, antes de ir dormir. Seus sentimentos vão se modificar de forma positiva, você vai se sentir mais forte e, ao mesmo tempo, mais leve.

Caso você já se encontre bem, caso já esteja lá no

topo da escala de sentimentos e seu problema seja "nada além" do fato de que você não se alegra propriamente com isso e se sente um pouco "dormente" em relação aos sentimentos — sem aborrecimento, sem depressão, nada de errado, mas, na realidade, também sem sentir alegria — então sempre será mais fácil. Em cada situação, de acordo com seus sentimentos, você agora só precisa examinar quais são melhores e mais vigorosas do que a situação presente.

• Se você vir uma criança sorrindo, tente se colocar no lugar dela e sentir sua alegria.
• Se você vir um cachorro balançando energicamente o rabo, tente se colocar no lugar dele e sentir a alegria da força e do movimento.
• Vá passear mais vezes ao ar livre, abrace árvores etc., sinta a ligação com a força da criação.
• Procure prestar atenção nas pequenas coisas pelas quais você poderia se sentir agradecido e pelas quais poderia sentir alegria.

Resumo

O que é "mais real" neste momento e que ainda lhe parece ser possível de ser transformado em um sentimento positivo? Trace um plano e preste atenção no sentimento positivo mais próximo que ainda pode ser modificado. Siga adiante, passo a passo.

Quando os maiores problemas forem causados por uma pessoa ou uma situação, encontre uma imagem puramente fantasiosa, com a qual você possa modificar a pessoa ou a situação, até que elas se tornem inofensivas.

Exemplo: chefes perniciosos ou ex-companheiros odiados se tornam inofensivos quando, em nossos pensamentos, os reduzimos ao tamanho de uma joaninha.

A LEI DA ATRAÇÃO

Você já passou por algo assim? Alguma coisa desagradável acontece na sua vida e, de repente, você tem medo de passar por isso outra vez... Se, por exemplo, um cachorro me mordeu quando eu era criança, todas as vezes que, hoje, for passear sozinho no parque, vou sentir medo sempre que deparar com um cachorro andando sem coleira. Ridículo, na verdade, porque hoje eu tenho 1,80 m e, naquela época, tinha só 80 cm! Mas vá dizer isso para o meu medo, se eu for mesmo uma pessoa medrosa assim.

Medo e absolutamente todos os sentimentos negativos como raiva, rejeição, carência, depressão etc. não são independentes de nós, mas, uma parte de nós se apega justamente a eles. E essa parte é o nosso ego. O ego não tem nada melhor a fazer, a não ser procurar "o negativo" para assumir ares de importância e, com isso, se fazer notar. E o ego sempre encontra alguma coisa... Isso é certo. Pois o ego tem apenas uma única intenção: sobrelevar-se em relação a si mesmo, bem como a nós. Pois ninguém é um pobre diabo assim como eu... Mas, por outro lado, ninguém também é *tããão* formidável como eu.

Exatamente por isso que, para tantas pessoas, somente as "notícias negativas são verdadeiramente consideradas notícias". Se o ego da humanidade inteira se refinasse, poderia se constatar, entre outras coisas, que as notícias positivas seriam mais lidas e ouvidas. **Mas, quanto mais grosseiro o ego, muito mais desinteressantes ele considera as notícias positivas e aprecia enormemente as que causam medo.**

O medo não é uma coisa tão simples, pois ele tem uma energia toda própria. E essa energia não é exatamente construtiva. De todo modo, ela atrai outras energias igualmente nada boas. Nós percebemos isso quando caminhamos pelo campo e um cachorro vem no sentido oposto. De longe, ele já fareja se estamos com medo ou não. E se sentimos medo, ele rosna. E se sentimos mais medo ainda, ele late. Ou até mesmo morde. Mas nós sabíamos disso!!! Cachorros mordem mesmo. O chato é só que se nós, ao contrário, não tivéssemos tido medo, o cachorro certamente não teria rosnado nem mesmo mordido. Também é verdade, não é? E o que foi responsável pelo ocorrido? Nossa energia! E ela é formada por nosso sentimento.

Agora você certamente vai dizer: ok, mas, o Universo não é um cachorro! De certa forma, perdoem-nos, é sim! Ele parte do princípio de que conhecemos a lei da atração e, portanto, produzimos o medo, porque desejamos, com todo prazer, passar pela experiência de sermos mordidos pelo cachorro. O Universo não repreende. Ele nos olha, estuda-nos minuciosamente e, do mesmo modo que o cachorro, reconhece: "Essa pessoa tem medo, medo equivale a muita energia, mas, afinal, do que se trata aqui? Ah, sim, muita energia direcionada para *ser mordido*. Ok, por favor, disponha. Aqui está — será mordido!".

Para nos libertarmos desses sentimentos negativos e chegarmos a algo mais agradável, tomemos como exemplo o sentimento de direcionamento de uma meta: Eu sei o que quero. Sinta-se nessa condição e imagine uma situação na qual você saiba exatamente o que quer! Imagine cada detalhe. Longamente. (Pequena pausa para relaxar, você pode ir até a geladeira, ao banheiro e, ao mesmo tempo, continuar fazendo o exercício.) Wow! Que energia!

Você sabe quem pode nos mostrar melhor se estamos em uma boa energia de orientação para a meta? Os cavalos! Há alguns anos eu (Manfred) participei de um seminário sobre cavalos. Não era para cavalgar; era apenas para ir até os cavalos na campina e observar se algum animal acompanharia alguém. Caso a pessoa estivesse totalmente dentro dessa energia de orientação para a meta, o cavalo a acompanhava como que atraído magneticamente. E se essa energia estivesse um pouco "vacilante", o cavalo apenas farejava um pouquinho, em outras palavras, a pessoa lhe era praticamente indiferente. Dieter, o co-treinador de Bärbel em seus *Seminários de Alegria de Viver* (ele é profissional há décadas e tem participação de duas horas como convidado especial) apareceu rapidamente como visitante no seminário sobre cavalos. Dieter, como se deixa transparecer, é alguém que possui uma nata orientação para a meta. Na verdade, ele já foi o absoluto contrário disso, mas, ao longo dos anos, ele trabalhou essa fortaleza de condição. Em todo caso, quando ele foi até os cavalos na campina, de repente, um cavalo se levantou, reto como um fuso, sentiu seu cheiro e, muito decididamente, "colou no pé" de Dieter. Ele não saiu mais de seu lado. Dieter riu e achou que não tivesse feito nada para que isso acontecesse...

E não se trata mesmo de algo que se possa *fazer*, a pessoa tem de *ser* assim. É realmente fascinante experienciar algo dessa natureza. Um cavalo fareja justamente a nossa força, assim como o cachorro percebe o nosso medo. E em relação aos seres humanos, há também uma série de analogias. Em entrevistas de emprego, o futuro chefe já decide quem ficará com a vaga após alguns minutos — desde antes de o candidato abrir a boca para dizer "bom-dia" e provavelmente até o momento de ter ouvido a descrição do cargo. Em um *Blind Date — expressão da língua inglesa que se refere a um encontro amoroso de duas pessoas que não se conhecem* —, geralmente os primeiros segundos decidem se haverá namoro ou não. Bem-sucedidos homens de negócio tomam decisões importantes, a partir daquele sentimento intuitivo "na barriga" e não "na cabeça". Pessoas que compram e vendem seus pacotes de ações nas bolsas de valores mobilizando o "sentimento", a "sensibilidade", geralmente têm mais sucesso do que aquelas que estudam todas as notícias da bolsa meticulosamente.

Por que é assim? Porque nós somos realmente muito mais do que a compreensão humana normal nos quer fazer acreditar. De acordo com a *Teoria das Ondas*, sabe-se que ondas de mesma energia podem se intensificar. Por isso, na *Bundeswehr* — nome das forças armadas da Alemanha atual —, por exemplo, é comum se marchar sobre pontes "marcando o mesmo passo", porque senão, seria possível que a ponte viesse a "vibrar" de uma forma que poderia se tornar perigosa. O efeito afeta a "vibração" própria da ponte e, quando essa "vibração" "entra em ressonância" com as "vibrações" provocadas por um grupo marchando, a ponte pode balançar perigosamente. De modo similar ao princípio físico citado, há também, no esoterismo, o "Princípio da Ressonância". Isso significa que energias similares entram em ressonância e podem se intensificar e causar abalos. Em outras palavras, pode-se dizer que os semelhantes se aproximam, ou seja, atraem-se.

Para que possamos fechar, mais uma vez, o raciocínio a respeito do medo e do cachorro que morde: se o meu medo de cachorros que mordem for grande o suficiente, então o meu medo busca uma energia compatível. Em minhas caminhadas pelo campo, não virá em minha direção nenhum poodle bonitinho, muito menos um dócil São Bernardo e sim, sem dúvida alguma, um perigoso cão de combate bastante suspeito.

Se eu sou dono de uma casinha geminada e tenho medo de que ela seja arrombada, qual será a casinha que o ladrão escolherá para assaltar?

Se eu tenho um filho e fico morrendo de medo que ele caia e se machuque, o que acontecerá?

Se eu tenho medo de ficar sem dinheiro, o que acontecerá?
Se eu tenho medo de perder meu companheiro...
Se eu tenho medo de perder meu emprego...
Se eu tenho medo de doenças...

Resumo

Nossa disposição básica de ânimo determina se o cão que vem em nossa direção rosna ou balança amigavelmente o rabo; nossa disposição básica de ânimo determina se os cavalos nos seguem ou se se esquivam de nós. Cães e cavalos são aqui considerados como analogias para a vida em geral (trabalho, relacionamento amoroso, finanças e demais situações).

Pensamentos geram sentimentos e sentimentos geram pensamentos

Imagine que você seja uma fábrica. De modo semelhante a uma fábrica, você assimila determinadas substâncias (alimento, água, ar) e, por meio de diversos recursos, fabrica seus próprios produtos (energia, metabolismo, hormônios, batidas do coração, movimentos pulmonares...). Com isso, resíduos inúteis são expelidos: suor e outros tipos de secreções. Mas isso corresponde apenas à matéria grosseira, à esfera visível, pois, você percebe, ainda, o ambiente, o que está à sua volta (com os olhos, os ouvidos, com todos os sentidos), como por exemplo, sentimentos peculiares de outras pessoas, estados de espírito e, enfim, elabora-os. Por conseguinte, é natural que "devolva" ao seu ambiente determinados tipos de pensamentos e sentimentos.

Mas você não está sozinho neste imenso mundo. Ainda há alguns milhõezinhos de pessoas neste planeta agindo dessa forma, e em tudo o que diz respeito a sentimentos e pensamentos todos nós fazemos sempre o mesmo: assimilamos sentimentos e depois externalizamos alguns. Energeticamente falando, "vibramos" em uma determinada frequência; captamos vibrações e emitimos vibrações. E, certamente, as vibrações de outras pessoas também nos influenciam, do mesmo modo que nossas vibrações influenciam as outras pessoas. Neste caso, as pessoas ao nosso redor são mais influenciadas por nós e é claro que as mais próximas as captam mais fortemente.

Reconhecer isso nos mostra nossa liberdade, ao mesmo tempo em que a nossa responsabilidade: *o que não está em nosso campo vibratório não pode nos acontecer.*

Nada! É preciso que algo tenha a ver conosco, mesmo que, à primeira vista, não possamos compreender. E nós temos total liberdade para escolher a nossa frequência vibratória e, por meio do livre-arbítrio, modificá-la novamente e elevá-la. Podemos escolher nosso ambiente, aclarar nossos pensamentos e observar nossos sentimentos mais de perto.

Com isso nos aproximamos mais na direção de quem realmente somos: livres, inovativos, criativos criaturas! Quando conseguimos nos libertar, progressivamente, das amarras de nossas antigas crenças, então, somos capazes de reconhecer que nós mesmos somos responsáveis pelo que nos cerca e nos acontece e, ainda, que temos a liberdade de modificar isso tudo com o leme de nossos pensamentos e o motor de nossos sentimentos.

Pensamentos geram sentimentos e sentimentos geram pensamentos. Também é importante tornar claros nossos objetivos e ordenar os pensamentos, assim como cuidar do motor e alcançar a força emocional necessária para a realização de desejos. Conhecer a força do pensamento positivo é praticamente a base ou o princípio para nos dedicarmos aos sentimentos resultantes disso.

Algumas pessoas, muitíssimo surpresas, entusiasmadas, que acabam de se confrontar com a incomensurável força dos sentimentos, acreditam que tenhamos cometido um erro no passado por termos perdido muito tempo ocupados com forças mentais. Elas porém se esquecem de que nossos pensamentos é que geram sentimentos, pelo menos uma boa parte deles. Muitos pensamentos repetitivos, no fim das contas, tornam-se um sentimento. Eles são como uma espécie de pensamentos compactados. O sentimento nos mostra, apenas complementarmente, o quanto estamos conectados à força elementar dentro de nós e nos leva em direção aos nossos desejos do coração. Mas em que grau estamos ou não conectados é fruto do que, em algum momento, geramos com nossos pensamentos através das constantes repetições. A questão não é sentimento *ou* pensamento: as duas coisas se interdependem.

A primeira parte deste livro trata, sobretudo, do papel do pensamento e da mente ao fazermos nossas *encomendas ao Universo.* A segunda parte, por sua vez, é dedicada à atuação dos sentimentos. Portanto, nesta parte, o termo "sentimento" também é examinado em todos os pormenores.

No uso corrente do idioma alemão, o termo *gefühl* (sentimento) é empregado enleadamente com diversas conotações, da mesma forma que os termos *empfindung* (sensação), *eindruck* (impressão) e *emotion* (emoção). Entretanto, pelo fato de o termo *gefühl* funcionar no uso corrente do idioma, na maioria das vezes, como termo genérico desta série, na primeira parte do livro, ele continua servindo como termo provisório para designar "emoções" e "sensações"[6].

Ademais, logo relembramos a que isso se refere: neste contexto, C. G. Jung, por exemplo, encontrou quatro funções básicas no ser humano e, para elas, as seguintes definições:

• Empfindung (a sensação) constata o que existe de fato.

---

6 N. T.: a tradução dos termos mencionados é problemática desde Sigmund Freud. Não há uma correspondência perfeita entre as palavras dos diferentes idiomas, e mesmo em cada uma delas, esses termos não têm um campo semântico claramente delimitado e distinto. Aqui, os autores indicam a opção que fizeram em sua obra. Mais adiante, objetivando consequência e padronização nesta obra, os autores, inclusive, propõem outros significados criados por eles mesmos, para, por exemplo, os termos *empfinden* (a parte universal dentro nós mesmos *que sente* / sentir no âmago da alma*)* e *empfindung* (sensação).

• Denken (o pensar) nos possibilita reconhecer o significado do que existe.
• Gefühl (o sentimento) nos mostra o valor que o que existe tem para nós.
• Intuition (a intuição) permite que vislumbremos quais são as possibilidades de *Como* e *Quando* atualmente presentes no que existe[7].

No primeiro momento, quando a primeira impressão acerca de uma determinada coisa nos é transmitida por nosso (*gefühl*) sentimento, conforme já mencionado, Jung chamaria isso exatamente de sensação (*empfindung*), este sentimento é imediato e genuíno: *Como me sinto com isso? Como é?*. Na realidade, ainda nem é pensamento, trata-se apenas do "estar aberto" para o *input*: "Como é para mim?". Isso é algo quase animal, primitivo. Quem sabe os animais estejam mesmo operando sempre no "modo como isso parece ser" e, somente nós, seres humanos, tenhamos nos refugiado cada vez mais no mundo dos pensamentos de julgamento. "Como isso parece ser" nos aproxima de nossa fonte interior, de nossa origem, e o que sentimos tem muito a ver com o nosso *self*[8], com o que somos verdadeiramente.

---

7 N.T.: Fonte: C. G. Jung, *Obras completas*. Vol. 6.
8 N.T.: o *Si mesmo* — Segundo C. G. Jung, o centro de toda a personalidade. Dele provém o potencial energético de que a psique dispõe; é o ordenador dos processos psíquicos. Ao mesmo tempo que integra, equilibra aspectos do inconsciente, devendo proporcionar, em "circunstâncias normais", unidade e estabilidade à personalidade. Sua conceituação (Jung): "O si mesmo representa o objetivo do homem inteiro, a saber, a realização de sua totalidade e de sua individualidade, com ou contra sua vontade. A dinâmica desse processo é o instinto, que vigia para que tudo o que pertence a uma vida individual figure ali, exatamente, com ou sem a concordância do sujeito, quer tenha consciência do que acontece, quer não."

Este é o estado no Jardim do Éden, antes de a *serpente do reconhecimento* (isto é, nossa razão) ter entrado em cena: *Eu sinto assim! Para mim isso é assim!*. E para cada pessoa, isso é diferente, cada um experimenta e sente diferente e pode, sim, hoje, sentir de forma completamente diferente do que amanhã. Novos sentimentos e julgamentos contribuem somente mais tarde.

Quando estamos aliados ao nosso sentimento (com a pura sensação que vem do coração), encontramo-nos, constantemente, no *agora*. E este é, certamente, o melhor lugar onde poderíamos estar. Ali, não há espaço para o sofrimento de ontem nem para as preocupações com o amanhã. *Agora é assim*! *E três segundos depois é de outro modo*! *E, mais tarde, é ainda de outro modo e de mais outro.* "Permanecer *no* sentimento" significa estar na corrente do rio da vida, ter o plugue inserido na tomada, estar conectado à energia. Como é isso? Ah, é assim! — um "estar ligado à fonte interior", que nos mostra: *no íntimo, sinto que isso parece ser bom e eu o quero para mim; sinto que isso parece ser ruim e não o quero de jeito nenhum. Isso me parece apropriado, então, quero mais! Devo fazer isso e o farei mesmo!*

"Estar nesse sentimento do coração" é sempre primitivo, originário, pois um sentimento assim é sempre adequado, ele brota da fonte de nossa existência imortal. *Agora eu sinto dessa forma*! Decerto que esse sentimento pode até ser desagradável, mas jamais poderia estar equivocado. Ele sempre nos confere um claro *feedback* sobre como estamos vivendo. Ele não erra.

Tomemos como exemplo a pessoa solitária em busca de contato que fica amedrontada assim que encontra uma pessoa alegre e comunicativa. O sentimento não é ruim nem errado, apenas mostra a essa pessoa, como ela está internamente e lhe fornece uma dica precisa a respeito do que deve ser observado e elaborado, para que ela consiga estabelecer, de forma duradoura, a desejada relação a dois.

Até mesmo quando encontramos apenas sinais vermelhos, sinais fechados, o sinal não é ruim por causa disso! Ele é o meu aparelho de navegação, meu radar na obscuridade da vida, minha luz nas trevas, para me mostrar o que acontece, o que me agrada e o que almejo. Os nossos pensamentos julgam "as coisas" como boas ou más. Mas somente num segundo momento, pois, em princípio, também sentimos essas "coisas" normalmente quando não nos são conscientes. E isso já é um motivo importante para dispensarmos maior atenção aos nossos sentimentos e à percepção apurada! Ambos configuram nosso acesso ao nosso verdadeiro eu (*self*), aos nossos desejos e ao nosso destino. Se exercitarmos este enfraquecido "músculo" de nossos sentimentos e passarmos a "escutá-lo" melhor, um mundo novo e infinito vai se abrir para nós! Por meio de nossos sentimentos, estamos ligados a tudo, pessoas, animais, plantas, à natureza em si, onde aprendemos até mesmo a sentir as montanhas e as águas. Antes dos primeiros momentos, surgem, em nosso sentimento, a sutileza, a intuição e a percepção apurada, que nos permitem reconhecer, cada vez melhor, o que está realmente se passando ao nosso redor. Para algumas pessoas, a partir do trabalho com a própria percepção e intuição, desenvolve-se um dom surpreendente: elas aprendem a ver a aura, como a nossa amiga Hertha Hirt, que sabe ler as cores da vida das pessoas e, assim, reconhecer seus dons e sua determinação. Ou como nossa outra amiga Ramona que, de repente, conseguiu enxergar doenças e temas na aura e trabalha como terapeuta de cura. E quem sabe até os tesouros desconhecidos e dons, e tudo o que ainda pode estar "adormecido" dentro de você.

Resumo

Quando prestamos mais atenção aos nossos sentimentos, como por exemplo, ouvindo lá dentro de nós mesmos, aprendemos a nos conhecer melhor e nos tornamos mais autênticos. Nós nos reaproximamos da nossa verdadeira natureza à medida que sentimos, em vez de formarmos um conceito em nossa razão, a respeito de quem devemos, podemos ou "temos permissão" para ser. "Estar no sentimento" é sempre primitivo, originário, pois um sentimento está sempre certo, ele brota da fonte da nossa existência imortal.

DESEJOS DO CORAÇÃO E A FORÇA DO *NÃO*

Por que são mais fortes os desejos do coração? Por que ele brota do fundo da nossa alma quando, bem lá dentro, perguntamo-nos: *o que quero realmente?* E, para tanto, é necessário o sentimento claro: *isso e aquilo, é isso que meu coração deseja!*. Aí sim, um desejo tem força. Se eu aprendi a sentir no mais íntimo de mim, então, sou capaz de encontrar no âmago do meu ser, algo estreitamente ligado a mim. Assim, meu coração me dá uma resposta.

Um desejo do coração é, portanto, mais forte que um desejo puramente racional, que pode ser bastante superficial. Um desejo do coração surge em meio a um espírito de amor e gratidão ao Universo. Os sentimentos de amor e gratidão têm a mais alta vibração (que, aliás, já pôde ser demonstrada, de modo impressionante, em seus cristais de água, por Masaru Emoto, no livro *Die botschaft des wassers* — A Mensagem da Água), emitida no mesmo instante em que é pronunciada, se estou totalmente inserido *no agora*, no sentimento e, portanto, conectado à minha fonte de existência. Mesmo quando isso se dá apenas por um breve momento, ainda assim, nesse décimo de segundo, eu desejei e *fiz uma encomenda*, com toda a inocência e imparcialidade de um recém-nascido, sem sombra de dúvida, apenas e tão-somente absorvido por um sentimento de "mas que bom, eu quero **isso** agora". Por um breve momento, a força de criação do cosmo se desdobra, pois estou conectado à própria fonte da criação, do amor e da gratidão.

Por meio dos sentimentos, posso me conectar ao "canal de frequência" da criação; posso penetrar na frequência de um momento interminável de força e energia.

Tudo é possível para este breve momento. Este único instante é o suficiente. Quando alguma vez uma *encomenda* não funcionou tão maravilhosamente, foi porque não era exatamente um desejo do meu coração. E, muitas vezes, o motivo é que eu não me encontrava absolutamente no espírito de amor e gratidão, o sentimento era de falta, carência. Também se pode dizer que encomendei algo sem estar consciente do que fazia, ou seja, algo que, na verdade, eu **não** queria. Isso soa esquisito? Vamos ver...

Retornemos ao "start" e observemos, mais uma vez, aquela história do cachorro que morde: Eu tenho medo de que o cachorro me morda. Com isso, encontro-me *operando* no *modo "cachorro-me-morda-agora"*. Essa vibração atrai todos os cachorros que mordem para o campo onde passeio. Inconscientemente, há, no fundo, um "desejo", que poderia ser: "Oh, não, que terrível... o campo... espero que agora eu não me depare, novamente, com um cão de combate passeando sem coleira".

A maioria de nós já ouviu que, ao fazer uma *encomenda ao Universo*, é melhor que evitemos as negações, a palavra "não", pois o subconsciente não ouve o "não"; ele acolhe a impressão geral do que foi pensado como *pedido*.

Mas, vamos observar o que a frase "Espero que um cachorro não me morda novamente", emocionalmente, é capaz de transmitir: *De jeito nenhum, em hipótese alguma quero ser mordido!* Este é um claro sentimento de "**Isso** eu não quero", mas, para o sentimento, eu ainda continuo no modo "ser mordido agora", porque sinto com muita força como foi naquela época, quando o cachorro me atacou e me machucou. Portanto, quando *desejo* e *encomendo* alguma coisa, é importante observar, com toda a sinceridade, em que sentimento me encontro.

O mesmo ocorre, portanto, se faço *encomendas* a partir de um sentimento que suponho falta. Talvez eu tenha dívidas e precise de dinheiro de qualquer maneira. Talvez eu esteja desempregado e à procura de trabalho. Talvez eu esteja só e em busca de um parceiro, ou esteja doente e queira ficar saudável... Em todos esses casos, corremos o risco de criarmos um pedido a partir de uma carência e isso não tem força alguma. Por tudo isso, é bom aceitar o *agora* exatamente como ele é e, só então, *fazer encomendas.* Assim como um compositor profundamente triste não é capaz de compor uma "Ode à alegria", um pintor depressivo não pode pintar nenhuma tela que expresse leveza ou um poeta, que tenha raiva de sua mulher, não pode escrever um romântico e emocionante poema de amor, do mesmo modo, você, caso não esteja "legal", também não conseguirá criar para si nenhuma situação de vida positiva! Não importa se sua obra se trata de uma música, uma pintura, um poema ou o seu dia-a-dia: **O seu sentimento toma forma em cada uma de suas obras!**

Tema "Educar Filhos": consideremos que uma mãe diga para seu filho pequeno: "**Não** derrube o copo!" O "não" não será ouvido pelo inconsciente. A frase tem efeito imediato, de maneira que a criança tenha em mente exatamente a imagem do copo sendo derrubado. Ela não pode fazer nada. Justamente na educação dos filhos, subestimamos até onde pode ir essa compulsão por pensar exatamente o que ouvimos e, em frases proferidas, subestimamos, igualmente, o modo como o "não" reforça tais pensamentos mais ainda! Quando a mãe, então, diz "**Não** derrube o copo!", o corpo emocional acolhe isso como uma forte solicitação para "favor derrubar o copo", pois ele reage à imagem interna que sucede à solicitação. A criança visualiza em sua mente o copo virando e é exatamente isso que o sentimento considera como solicitação para fazer. A criança e seu sentimento, naturalmente querem fazer tudo certo para a mamãe e se esforçam para derrubar o copo instantaneamente. Mal isso acabou de acontecer, a criança já é repreendida ou até mesmo punida. Pode ser que a razão da criança entenda isso e, de algum modo, considere lógico. Mas o corpo emocional não... Nele, a mãe incrustou uma imagem por meio de uma entonação de solicitação (copo derrubado) e, mal a criança acabou de realizar comportadamente o desejo da mãe ao derrubar o copo, já foi punida. O sentimento não entende isso. Há uma distorção no sentimento, pois sentimento e razão desejam coisas completamente opostas. Solução: "Deixe o copo quieto. Preste atenção direitinho para que ele continue parado no lugar". Com essa formulação, o significado do que foi dito permanece idêntico, tanto para a razão, quanto para o sentimento, e não há distorção. Neste exemplo podemos compreender, facilmente, que o sentimento gera muito mais coisas do que a razão. E o sentimento reage a imagens internas despertadas, entre outras coisas, pelas palavras, que seguem critérios mais sutis que a razão.

Resumo

Formulações objetivas que contenham a palavra "não" podem levar a uma distorção no sentimento. O sentimento "ouve" apenas o conteúdo da imagem interna sobre a qual seu sentimento está depositado. "Não derrube o copo nããão" — imagem clara do copo derrubado, oriunda de experiências anteriores somadas a muito sentimento, chega ao corpo emocional de forma idêntica a uma solicitação de: "Por favor, sim, derrube o copo". Se ficamos bravos quando o copo é derrubado, o sentimento não compreende isso, pois ele apenas atendeu à solicitação! Ele "se sente" distorcido e, em parte, recua sua força criativa, pois não entende o que está havendo de errado.

A VIBRAÇÃO DO NOSSO EGO

O que realmente queremos nesta vida? Ser felizes, levar uma vida boa e, de preferência, dividir isso com as pessoas ao nosso redor! Quando conhecemos um pouco mais profundamente as leis universais da ressonância e da atração, então, é claro que, por meio do que transmitimos e de nossa energia básica, atraímos pessoas e acontecimentos compatíveis com nossa energia. Saber reconhecer isso é o mesmo que assumirmos, inteiramente, toda a responsabilidade. Significa, também, abandonar o papel de vítima e não culpar mais ninguém pelas contrariedades de nossa vida: nem os pais, nem o companheiro; nem as crianças, nem ninguém. Em vez disso, significa saber reconhecer, cada vez melhor, a força criativa dentro de nós, aprender a torná-la viável e direcioná-la à rota apropriada. E, sobretudo, significa a disponibilidade de trabalharmos isso em nós mesmos, a fim de elevarmos nossa energia.

Quanto mais alta a frequência em que vibrarmos, mais energia teremos, e atrairemos para nossa vida, coisas e acontecimentos mais bonitos e agradáveis; quanto mais alta a frequência em que vibrarmos, mais frequentemente estaremos focados no coração e, com isso, também preparados para enviar ao Universo desejos do coração que tenham força suficiente para se manifestar. Então, mãos à obra! Vamos fazer algo de bom por nós mesmos, pensar e, acima de tudo, sentir mais positivamente e simplesmente elevar nossa energia cada vez mais!

Às vezes, porém, isso não é tão simples assim na vida prática. Pois nós, seres humanos, ainda temos algo dentro de nós que adora falar conosco, a fim de obter atenção, ou seja, o nosso ego. Trabalhar em nós mesmos significa "refinar" o ego. De vez em quando faço comparações internas com um animal predador que gostaria de ser conduzido aos seus limites por mim, na pele de um domador.

    É possível reconhecer o quanto o ego é refinado no trato diário. O ego aparece, sobretudo, ao se criticar ou salientar as carências ou pontos fracos dos outros. Além disso, por sua opinião, ele gostaria de receber o reconhecimento e a aprovação dos outros. O ego também se faz notar na tendência a querer obrigar aos outros a concordar com sua maneira de pensar e a querer recompensá-los, compulsivamente, oferecendo ajuda e palavras de sabedoria. O ego também se mostra no âmbito das diferenças de opinião, querendo ter sempre razão. O ego quer sempre se impor. Mais claramente se pode constatar o quanto o ego é refinado ou não, quando se lida com os próprios erros. O ego busca a perfeição, quer ser o primeiro e o mais admirável. Portanto, quem sabe assumir seus próprios erros, aceita e respeita os erros dos outros e encontra-se em um ótimo caminho para refinar seu ego. O coração aberto é acolhedor e amoroso, o oposto disto é a mania de condenar e depreciar. O ego se apega a isso e se define, à medida que as pessoas são diminuídas. Quando, pelo menos uma vez, é possível suportar ser pequeno, então, este é um passo importante para confrontar o ego como um domador e domesticá-lo, vagarosa e seguramente.

    Naturalmente, o ego oferece enorme resistência às tentativas de torná-lo mais refinado e receptivo. Para se chegar a um coração aberto, é preciso, mais e mais, saber reconhecer essa resistência e abandoná-la progressivamente. Em vez de resistir, passar a dizer: "A realidade está aí, ela aconteceu. Não faz o menor sentido lutar contra, pois isso é o que é. Não há nada a fazer. Na verdade, eu não compreendo, mas aceito e acolho o que aconteceu". Em outras palavras, eu aprendo a dizer: "O que é, como é, está muito bem"; "As coisas são como são". E também se eu fosse considerar isso ruim, de algum modo, na verdade, isso deve ser bom e correto, porque está claramente presente e não há o menor sentido em lutar contra as coisas que são o que são. (Byron Katie, fundadora do *The work*, diz: "Lute contra a realidade e perderá — aliás, sempre".)

Mas isso não é tão ruim quanto parece. Aceitar o mundo do jeito que ele é não significa termos de deixá-lo assim. Trabalhar em algo novo é maravilhoso. Lutar contra as coisas que são como são e não querer acreditar nisso rouba energia e não muda absolutamente nada. Como resultado, o julgamento será interrompido e a opinião própria a respeito das coisas poderá repousar. O mantra "Isso é o que é" se constitui em um truque para fugir da visão limitada do ego e, assim, chegar a uma "totalidade", livre como uma tela em branco que receberá toda a sorte de novas inscrições. Quando a opinião do ego se aquieta, torna livre o caminho rumo à verdade e à sabedoria do coração.

Na melhor das hipóteses, o passado está esclarecido. Não há mais opiniões acerca do que já aconteceu; "foi como foi" e não há mais transferência de culpa. O *agora*, o momento presente, foi aceito e acolhido (é como é) e, com isso, está aberto o caminho para tudo o que está por vir, tudo o que queremos realizar. Não há mais nenhum pensamento preso ao passado e quando se fala sobre essa época, então, há apenas o intuito de dividir, uma vez mais, determinadas coisas com outras pessoas, para ensinar ou dar um exemplo. Enquanto se continuar examinando o passado em pensamentos, julgando e lhe atribuindo culpa, a energia permanecerá no passado e não poderá desenvolver força alguma no futuro nem no momento presente. Alguém assim não supera seu próprio presente, porque não superou o passado.

Como posso reconhecer se ainda estou vivendo no

passado? Tal coisa se mostra ao se falar, constantemente, apenas sobre o passado e, também, ao se pensar, permanentemente, nele, ao se entregar completamente ao que já aconteceu. Muitas pessoas, obstinadamente, maldizem e se queixam do passado, dos pais, dos ex-companheiros, antigos chefes ou membros da família. Sempre e sempre trazem o que já passou para diante de seus olhos, não falam sobre mais nada de diferente e começam a desenvolver certa alegria nessa infelicidade, nessa não-realização, pois o ego diz, então: "Eu sou a pessoa mais miserável deste mundo". Esta também é uma forma de "inflar" o ego.

Falar negativamente impinge essa energia às outras pessoas; todos têm um ego e, em primeiro lugar, é preciso aprender a se proteger contra energias destrutivas. Negativismo é um tipo de *agregado de energia emergencial*, visto que, nele, há pouquíssima vibração positiva presente para se conectar ao coração e ao cosmo, de onde, aliás, deveríamos receber nossa força.

Além do mais, a partir da psicanálise, sabemos que tudo o que julgamos e depreciamos no exterior é, na maioria dos casos, apenas uma projeção de nossas próprias falhas e carências. De alguma maneira, entre o *Eu* e o *Você* existe, apenas aparentemente, um limite, todos nós estamos ligados à "poluição do ar", às energias negativas. Em certo lugar, sentimos que falar sobre coisas negativas nos faz mal, essencialmente, acabamos nos prejudicando com isso. Que jogo mais louco: falamos mal de alguém para fazermos boa figura, ao mesmo tempo em que sentimos internamente que o negativo não nos faz bem! Ainda assim, continuamos projetando alegremente e lançando nossos reflexos à vontade sobre os outros. Quando se está recém-apaixonado, nossas características positivas são refletidas sobre o outro e, mais tarde, amando pela primeira vez, fazemos justamente ao contrário, refletimos nosso lado sombrio sobre o companheiro. E, do mesmo modo, procedemos para com nossos vizinhos, colegas de trabalho, chefes, amigos e conhecidos. Mais uma vez: *Nós falamos mal de alguém para fazermos boa figura!*

Um outro campo de projeção para as coisas ruins, muito popular e que não pode deixar de ser lembrado é: o tempo! Primeiro é muito chuvoso, depois, frio demais, em seguida, venta demais e, mais tarde, seco demais e quente demais. Encontramos coisas negativas no governo, na declaração de imposto de renda, em nosso time de futebol, na política e no mundo inteiro. O ego aprecia também as coisas negativas nos jornais e na televisão e é por isso que os noticiários estão repletos delas. O ego tem prazer nas queixas e lamentações. Isso já se tornou até mesmo uma certa dependência, um vício, uma obsessão do ego, especialmente quando alguém, por décadas, cresceu e viveu nessa energia. O homem é *urdido* de tal modo que, considera seguro tudo o que ele, há tempos, já conhece e está habituado, e tem muito medo de se envolver com algo inteiramente novo ou de abandonar sua "zona de conforto" emocional. Neste particular, há, portanto, uma subordinação ao que é emocionalmente "conhecido" e se observa as consequências disso, igualmente, em nível físico, agindo sobre os hormônios e sobre o metabolismo, de modo que o homem tenha de se libertar, também fisicamente, dos pensamentos e sentimentos negativos.

A esse respeito, também se pode conjecturar uma espécie de padrão de vibração, do qual já temos alguma noção, por exemplo, a partir do biorritmo: viver não é algo que funcione de modo invariavelmente retilíneo, conforme sabemos que acontece às constantes linhas retas da matemática, e sim estar sempre em oscilação, nos sucessivos altos e baixos das ondas. Mesmo durante o crescimento interior e o processo de refinamento do ego, escalamos montanhas de ondas para, então, novamente, cairmos no vale. Mas, para nosso consolo, todos os processos naturais evoluem exponencialmente, a exemplo do crescimento das algas em um lago que, primeiramente, ocorre imperceptível e vagarosamente para, mais tarde, vir a ser rápido como um relâmpago.

Finalizando, como percebemos internamente quando nosso ego começa a ficar cada vez menor? Quando chegamos cada vez mais perto do coração.

E o que acontece? Obtemos mais alegria por amar e dignificar o Belo, abrimos subitamente os olhos e reconhecemos, talvez pela primeira vez na vida, a beleza ao nosso redor: as flores, a natureza, as pessoas, as coisas. E também passamos a nos exprimir verbalmente a esse respeito, reconhecendo e enaltecendo o Belo cada vez mais. Assim, penetramos, mais e mais, na gratidão pela nossa existência e pelas tantas possibilidades que nossa vida nos oferece.

Resumo

O ego adora lamentações. E também adora criticar os outros para se sentir melhor com isso, ao passo que ele próprio não suporta críticas.

Truque e exercício a um só tempo: *porque o ego quer se tornar maior, ele não quer ser pego em flagrante. Observe a si mesmo. Admita para si mesmo, sempre quando vir que o ego está, mais uma vez, dominando-o completamente. Sorria internamente em momentos como este e pense: "Olá, caríssimo ego, aí está você novamente. Como você está lamentando bem aqui, hein? Estou vendo, é com isso que você se sente importante...". Ao mesmo tempo, diga a si mesmo: "Não tem problema, caríssimo ego.*

Eu o amo mesmo assim; eu me amo mesmo assim. E já estou sentindo em meu íntimo o que vou fazer em seguida, depois de eu ter pegado nós dois em flagrante".

    Esta amorosa auto-observação contribuirá rápida e eficientemente para o refinamento do ego.

Seus amigos "dão conta do recado"

Noel Edmonds, um famoso apresentador inglês de TV, diz em seu livro *Positively happy*, que há pessoas que propagam tão intensamente a notícia do quanto estão mal que, no fim das contas, acabam recebendo um apelido secreto. Quando amigos e parentes falam sobre essa pessoa, eles não se referem mais ao "Bob", por exemplo, e sim ao "coitado do Bob". E ao se falar sobre o "coitado do Bob", para quem tudo vai sempre tão mal, também só se fala com gravidade na voz. Quando há encontros com o "Bob", talvez não se dirijam a ele o chamando de "pobre Bob", mas, ninguém também tem coragem de lhe falar alegremente, com irreverência: "E aí, meu velho? Como vai essa força?". Isso parece até ser uma grosseria, do momento que já se sabe que "Bob" é aquele que vai sempre mal. Por esse motivo, a voz imediatamente se torna um pouco abafada, a testa se franze de tanta compaixão, antes que se pergunte, com um tom de preocupação: "Então, Bob, como vai você?". O problema por causa disso:

• A sua disposição básica de ânimo cria a sua realidade, e muita gente já sabe disso.
• O seu subconsciente, em primeiro lugar, ouve e reforça o que você fala sobre sua vida. Isso também é relativamente conhecido.
• Mas o anteriormente mencionado "Bob" evidentemente ensinou à boa parte das pessoas do meio em que vive como é que se reforça mais ainda esses efeitos que, agora, ainda por cima enviam uma mensagem adicional ao Universo, de que "Bob é aquele que sempre vai mal".

Tais efeitos, no que se refere à manifestação de desejos, encurralam-no, violentamente, em um beco sem saída, à medida que associam — verbal e emocionalmente — "miséria e Bob", como se esses fossem conceitos estáticos e interdependentes.

Caso você também tenha um apelido secreto, você deve "treinar" de modo diferente seus amigos e parentes o mais rapidamente possível. Novos objetivos de treinamento: "Bob é aquele que sempre curte a vida, venha o que vier"; "Bob é aquele que renasce brilhando após qualquer crise". E se for para ter apelido, então, que seja "Bob, nossa nova Fênix" ou algo parecido. E para que você se conheça um pouquinho melhor e possa ver, internamente, de onde e para onde está indo, faça este pequeno teste:

Qual é seu animal predileto?

Escreva tudo o que você mais gosta nele e por que é o seu animal predileto.

Qual é o segundo animal de que mais gosta?

Anote também tudo o que você mais gosta nele.

E por fim, anote um terceiro animal de que goste bastante. *O que você mais gosta neste terceiro animal*[9].

---

9 Resultado do teste:
Animal 1: sua própria imagem.
Animal 2: a imagem que outros têm a seu respeito e que você, eventualmente, gostaria logo de mudar, à medida que observa com que sentimentos enfrenta o mundo.
Animal 3: a sua imagem ideal de si mesmo. É assim que você gostaria de ser.

Resumo

Se já se tornou hábito você ser motivo de pena para os outros, na verdade, você os engajou para que, energeticamente falando, assim continue a ser mantido neste estado desagradável. Examine a sua autoimagem e como você realmente gostaria de ser. Mostre para o mundo as suas melhores características e proíba seu ego de ficar se lamentando e se queixando. Dirija sua atenção para as coisas que dão certo e divida esses momentos positivos — não importando o quanto possam ser pequenos — com seus amigos também.

Aprendendo a dar os primeiros passos no campo dos sentimentos

Em nossa sociedade, consideramos absolutamente normal nos determos aos sentimentos negativos, em longos "pensamentos em espiral" sobre eles e lhes dispensar atenção demais. Em contrapartida, as situações positivamente comoventes são rotuladas de "cafona" e, rapidamente, mandamo-las embora, tendemos até mesmo a evitá-las ou passamos, velozmente, por cima delas.

De acordo com a visão da força criadora, isso que acontece está exatamente no sentido contrário. Se quisermos construir coisas positivas, em particular, devemos nos demorar profunda e intensamente junto aos sentimentos positivos e deixar de lado os sentimentos negativos, tão rápido quanto for possível.

Para chegarmos a um sentimento melhor por meio da força do pensamento que, de fato, atrai situações mais agradáveis, há alguns truques interessantes. Albert Einstein disse que não se pode resolver problemas no mesmo nível em que eles foram criados; tem-se de ir para um nível superior. Por esse motivo é tão importante se elevar a vibração, para poder tratar do problema com uma energia melhor. Sobretudo, é fundamental reconhecer que a reflexão sobre os problemas ou traz apenas poucas novidades, ou não contribui em absolutamente nada para a solução, pois, neste caso, o problema só será reforçado energeticamente, e o negativismo que ele encerra só ficará passando — sempre e cada vez mais — pela nossa cabeça. A energia chega até a diminuir durante essa demorada "fila de espera" na cabeça. Einstein também nos proclamou que toda a natureza tende à harmonia. Isso significa que não é preciso ter de se resolver todo problema que aparece; na maioria das vezes, basta parar de ficar pensando permanentemente neles. Desta forma, abrimos espaço dentro de nós para que a natureza se mova novamente em direção à harmonização.

A natureza do Universo é criativa, nisso podemos acreditar, porém ela só pode nos ajudar se nos retiramos da energia do problema. Com isso, abrimos as portas para o Universo:

* No lugar de problemas, posso pensar em algo legal (lugar onde passar as férias, namorado, hobby, filhos...)
* Posso atenuar o problema com palavras, do mesmo modo como falaria com uma criança (vai dar tudo certo, tudo vai ficar bem, amanhã vai ser outro dia...)
* Posso me repetir, racionalizando: *por experiência própria, eu sei que se continuar nesta energia, isso não dará em nada, vou continuar atraindo os mesmos problemas para a minha vida...*
* Posso fazer um bem a mim mesmo: (cinema, ver os amigos, passear...)
* Posso ver o que é que me traz alegria e ir atrás disso.

E para as verdadeiras situações de emergência, você pode fazer listas das coisas que lhe fazem bem e tê-las sempre junto de si (por exemplo, na carteira). Em listas como estas, devem constar todas as coisas que lhe trazem bons sentimentos, sempre que pensar nelas. Elas podem ser:

* pessoas
* objetos
* acontecimentos
* bonitas peças de roupa ou a vitória no jogo de futebol
* situações especiais
* lugares ao ar livre

Se você, por acaso, tiver uma baixa de ânimo, pegue sua lista e direcione sua atenção para algo que conste nela, durante o tempo necessário, até que se sinta melhor. Então, você pode deslocar isso para o lugar e para a situação em que você se encontra no momento e, ali mesmo, encontrar coisas com as quais possa se sentir bem. Você pode se sentir bem porque, em pleno inverno, o cômodo onde você se encontra está bem aquecido. Você pode se sentir bem em uma poltrona confortável etc. Gere bons sentimentos. Também é possível se comprazer em situações fantasiosas que lhe causam bons sentimentos. Só é preciso um pouco de cuidado para que não se desenvolva, por trás disso, nenhum sentimento de falta imbuído de ansiedade. Quando você fantasiar situações de bem-estar, então cuide para que elas contenham bastante credulidade infantil e alegria, para que, ao pensar nelas, o sentimento seja puramente positivo.

Exemplo: Eu sou pobre, sozinho, imagino companheirismo e abundância, ao mesmo tempo, fico melancólico, porque a realidade ainda é muito diferente disso. Então, claro que este não é um bom sentimento.

Modifique a situação em sua mente, de modo que realmente só consiga mostrar sorrisos. Imagine que você é uma princesa elfo ou o rei dos Goblins[10], que tem uma grande quantidade de castelos que brotam das plantas, além de ter, absolutamente, o melhor namoro do mundo com um príncipe das fadas ou com uma *lady* Goblin, algo nesse sentido. Então, você visualizou abundância e companheirismo, ao mesmo tempo em que se divertiu, irrestritamente, sem ter imaginado carências por um minuto sequer. Quando o sentimento de alegria cria raízes nesta imagem e você consegue evocá-lo, rapidamente e sem dificuldades, então você já tem as condições suficientes

---

10 N. T.: personagem central do romance *König der Kobolde*, do autor alemão de contos fantásticos, Karl-Heinz Witzko. O romance deu origem ao jogo de RPG, *O Rei dos Goblins*.

para trazê-los, gradualmente, para mais perto da realidade que você sinceramente deseja viver. Talvez seja bom deixar de lado, primeiramente, as asas de fada, mas ainda continuar morando no castelo de plantas, ou o contrário; antes de qualquer coisa, deixe que o castelo assuma a forma da sua verdadeira casa dos sonhos, mas mantenha ainda as suas asas. Tome cuidado para que se mantenha o sentimento bom ao se fazer essas mudanças. Não adianta nada visualizar, eternamente, a situação ideal e sempre associar a isso carências angustiantes.

Neste caso, é evidente o que o corpo emocional pensa: "Ei, homem, ei, mulher, essa situação imaginada não nos faz bem *meeesmo*. Portanto, eu tenho de deixar a senhorinha/o senhorzinho, imprescindivelmente, longe disso..." A saber, o seu corpo emocional toma conta de você carinhosamente. E é por isso que ele mantém, longe de você, todas as situações que lhe causam sentimentos ruins quando você pensa nelas.

Se você, por outro lado, visualiza uma realidade feérica, sempre com bom humor, então, seu corpo emocional pensa ao mesmo tempo: "Ahn, ahn, sim, sim, em termos de abundância e companheirismo estamos bem. Por esse motivo, eu preciso urgentemente criar muito mais. Pois então, o que faço a respeito dessa coisa das asas de fada? O mais adequado é simplesmente deixá-las de lado e ver se consigo chegar o mais perto possível dessa imagem interna".

Caso você tenha desejado ter uma casinha, pode ser que você, em algum momento, venha a encontrar novamente uma casa coberta de hera, e esse seria um detalhe do qual você poderia ter aberto mão. Mas isso não é bem melhor do que simplesmente não conseguir visualizar uma imagem bem próxima da realidade e continuar dentro de um apartamento apertado, que não lhe agrada nem um pouco, em algum subúrbio da cidade? Então, é melhor a fartura com hera, mesmo que isso tenha sido um pouquinho fora dos planos.

Quando o assunto é dinheiro, é exatamente a mesma coisa: se você sempre tem um sentimento ruim, todas as vezes que gasta ou recebe dinheiro, seu corpo emocional cuida de você e mantém longe o "dinheiro malvado". Por conseguinte, o modo mais sensato é receber o dinheiro com um sentimento de gratidão e gastá-lo com alegria, por proporcionar o ganho a outra pessoa.

Mais sobre este tema, consta no livro *Übungsbuch zu den bestellungen beim Universum* (Caderno de Exercícios para Encomendas ao Universo).

Resumo

O nosso corpo emocional toma conta de nós. E é por esse motivo que ele mantém, bem longe de nós, todas as situações que nos trazem um sentimento ruim quando pensamos nelas. Portanto, diante de qualquer problema, primeiramente, retiremo-nos da energia do problema enquanto nos dedicamos a uma melhor tonalidade de ânimo. Nessa nova tonalidade de ânimo e frequência vibratória, nós também somos capazes de encontrar soluções que vibram em frequência mais alta.

Einstein já dizia que não se pode resolver problemas no mesmo nível em que eles foram criados; tem-se de ir para um nível superior e, ainda, que toda a natureza tende à harmonia. Cuidemos para que a natureza volte a fazer efeito dentro de nós, à medida que procuramos relaxar a tensão.

O que quero realmente?

Há alguns anos, a trabalho, participei (Manfred) de um seminário sobre visão de gestão. Na época, fiquei muito surpreso a respeito dos muitos pontos de vista espirituais mencionados no seminário. No final, fizemos um desenho de nossa "visão" e a ela aplicamos uma boa carga de muito sentimento e energia. E isso dá certo de verdade!

Eu tenho esse desenho até hoje. O mais interessante de tudo foi que, ao longo do caminho havia diversas tarefas que tínhamos de cumprir. No início, eu tinha de fazer uma lista do que era bom e ruim na minha vida. E o que, possivelmente, caracterizava-se como um problema para mim. Em seguida, veio a pergunta: Por que meu problema também poderia ter um lado bom? Com isso, vieram à tona revelações surpreendentes: por exemplo, eu tive a impressão de que muitas coisas em meu problema poderiam ser, talvez, apenas uma desculpa para não ter de enfrentar determinadas situações ou me envolver nelas. Por trás de meus problemas posso me esconder muito bem, de tal maneira, que posso continuar sendo "vítima das minhas circunstâncias". Meu problema me proporciona uma série de desculpas, segundo o lema: *Só quando isso e aquilo estiver resolvido eu farei tal e tal coisa.*

No meu caso, o problema estava emparelhado com um sentimento de impotência e um grande "Ah, eu não consigo mesmo!". A toda hora, sentia-me acostumado a esse sentimento de não-realização e até mesmo já nem tinha mais coragem de assumir meus desejos; negava-me a abordar mesmo que fosse um único desejo. Eu estava bem "ajustado" para "não receber o que quero", porque queria me poupar de ter de passar pela decepção e não queria mais tentar desejar outra vez. Dentro de mim a chama estava apagada; sentir que eu queria alguma coisa, de algum modo, simplesmente se tornou um caso perdido. E conseguir reconhecer meus desejos, nesse seminário de visão de gestão, que também foi tão difícil para mim, foi algo que eu, seriamente, tive de reaprender.

Durante o seminário foi feita uma ótima pergunta: *O que eu não posso imaginar de jeito nenhum?* Escalar o Himalaia, navegar em torno do mundo, ser livre como um pássaro. E, em algum momento, "caiu a ficha": Todas essas coisas que repousavam dentro de mim, eram desejos inconscientes que não foram expressos! Elas, porém, são tão escorregadias que, sem o truque desta pergunta indireta e com palavra de negação, não teriam sido descobertas! E, assim, um recurso na busca por "aquilo que realmente quero" pode ser a pergunta "O que eu não quero?" e, a partir dela, concluir o oposto: "É isso aí que eu quero!". Às vezes, é simplesmente muito difícil assumir, totalmente, um desejo.

Mesmo o desejo estando claro, ele ainda precisará de muita energia. Eu fiz um desenho no seminário de visão de gestão — a melhor pergunta para estimular a energia por detrás do desejo, é a mais simples possível: "Por que você quer isso?". O melhor é fazer esse exercício com um parceiro que regularmente torna a repetir a mesma pergunta, até se formar uma imagem diante de nosso olho interior, que seja plena de alegria e boa energia: **Isso é o que quero ter na minha vida!**. Sendo assim, já não há mais lugar para dúvidas, porque há muita alegria ali para preenchê-lo e, portanto, está integrada ao desejo, à força do desejo do coração. Um desejo que não vem do coração não está suficientemente ligado a nós e nossa alma, então, pensa-se assim: "Opa! o que é que eu tenho a ver com isso?".

Contudo, é importante sabermos reconhecer o

que realmente queremos, a partir de nosso coração. O já anteriormente mencionado Dieter, aquele treinador que também participa dos *Seminários de Alegria de Viver* ministrados pela Bärbel, em consequência disso, em um exercício, lançou ainda outra pergunta ao público: "Qual é o desejo que insinua o desejo? Que sentimento você quer vivenciar ao realizar seu desejo?". Em outras palavras: O que está por trás do fato de você querer ter um belo carro, sucesso, namoro, reconhecimento etc.? Quando esse sentimento é conhecido, torna-se muito mais claro o que a pessoa quer realmente e, portanto, ela não precisa mais ficar tentando encontrar, no exterior, coisas que jamais seriam capazes de realizar o desejo que se encontra no seu íntimo.

Resumo

Muitas vezes, não somos mais capazes de reconhecer nossos verdadeiros desejos. Nós empurramos para adiante problemas e inventamos desculpas, para não termos de enfrentar nossos "desejos arriscados". Com alguns pequenos truques ("Por que eu quero isso?" ou "O que não posso imaginar de jeito algum? ou "Que sentimento quero vivenciar, se desejo isso ou aquilo para mim?") posso me reaproximar de mim mesmo e de meus desejos do coração.

A VOZ DO CORAÇÃO

Por intermédio de nossos sentimentos, estamos unidos à nossa essência, à nossa existência mais profunda. Se, por vezes, é tão difícil sabermos reconhecer um desejo, certamente, isso se relaciona ao fato de que já nos colocamos a uma boa distância do âmago de nosso ser. Nós desaprendemos a seguir a voz do nosso coração... Com isso, apenas conseguimos fazer com que a porta do cosmo fique encostada, se é que já não a fechamos mesmo. Saber lidar com os sentimentos e ouvi-los sempre e sempre, é o "pulo do gato" para a felicidade. Só assim somos capazes de voltar a ouvir melhor e mais intensamente nossa voz interior.

O distanciamento dos sentimentos e a posição superior da razão não são somente temas pertinentes à esfera particular de cada um de nós, eles são também um tema geral. Todavia, conforme já mencionado por mim (Manfred), no início deste livro, parecemos já estar fartos, inclusive socialmente, da ênfase exagerada que é dada à razão. Por muito tempo, o acúmulo bastante superficial de conhecimentos e informações esteve em primeiro lugar, o que, claramente, pode ser caracterizado pelo uso da internet. Nunca tanto conhecimento e tanta informação estiveram tão rapidamente disponíveis. Também não há, na atualidade, muito impulso em relação à compreensão racional do mundo; para muitos, predominam interesses inteiramente novos, novas descobertas. No momento, confirma-se uma avidez por impressões para se desviar do assunto racionalismo. Depois que tal necessidade também foi intensamente exaurida socialmente, parece que há, agora, um anseio pelo maior desenvolvimento de uma capacidade mais apurada de sentir (no âmago do ser) e de experimentar, ou seja, dar liberdade às emoções para que elas possam ser expressas de modo natural.

O "sentir no âmago do ser" nos leva, automaticamente, a progredir no caminho da busca por nós mesmos e pelo sentido da vida e, além disso, torna cada vez mais claro quem somos realmente: criadores do nosso universo!

Mas, caso isso trate mesmo de uma nova tendência social ou apenas de um modismo do panorama espiritual: aprender a sentir, de todo modo, aproxima-nos da nossa força criativa. E todo *início* que o tema compreende deve ser visto com leveza, de modo que seja prazeroso e que continuemos o trabalho sem nos cansarmos. E é dessa forma que se inicia o questionamento na vida cotidiana: *Como me sinto fisicamente? Estou com fome, sede? Estou cansado? O que me é indispensável? Tenho vontade de fazer o quê? O que me traz alegria?.* Muitas vezes ficamos tão tensos devido às nossas obrigações que, realmente, temos de criar um espaço, a fim de podermos ter tempo para nós mesmos. A ideia de se marcar um encontro consigo mesmo ou, uma vez por semana, de passar uma noite consigo mesmo, pode abrir novos horizontes.

Quando a pergunta "Como eu vou indo?" se torna comum, logo se ajusta uma percepção mais refinada. E, subsequentemente, vêm outras perguntas: "Como isso ou aquilo está me parecendo? Isso é o certo para mim? Devo fazer isso ou é melhor fazer aquilo?". Nesse caso, trata-se mesmo de se poder falar sobre os próprios sentimentos e de expressá-los: É assim que eu vou indo! Isso me parece ser certo! Já isso, parece-me errado! Assim, aprendemos a perceber as pessoas e as coisas, de modo muito diferente, o "músculo" da intuição se fortalece e nós nos tornamos aptos a segui-la, de modo mais completo, e também a ter mais confiança nela.

Além disso, a capacidade de percebermos e

expressarmos nossos sentimentos sempre aprimora nosso relacionamento a dois, sem falar em toda e qualquer relação social. Foi publicado na revista alemã *Wirbelwind*, em sua "edição especial para os papais", algo a esse respeito: "Relacionamento precisa de cuidado: é quase sempre muito difícil se desenvolver uma percepção diferenciada acerca de si mesmo por meio de exercícios. Só quem aprende a identificar seus próprios sentimentos e a encontrar nomes para eles pode se comunicar de forma construtiva na relação". Por essa razão, a revista aconselha aos homens, entrarem em grupos formados apenas por homens, para saberem como se começa a falar, abertamente, sobre sentimentos, porque é bem mais fácil do que se falar sobre esse tema, em grupos mistos ou, então, só com a companheira. Manfred frequenta tais reuniões só para homens e, todas às vezes, chega à mesma conclusão: exercitar a autopercepção é mais fácil para os homens quando eles estão entre si!

Quando você começa a prestar mais atenção ao seu sentimento, todas as coisas possíveis vão se modificar ao longo dos anos. Apenas como exemplo, nós temos em nossa casa paredes coloridas, cada cômodo é de uma cor, porque assim, pelo menos para nós, parece ficar mais aconchegante. Bebemos água energizada, porque sentimos que parece ser melhor e mais gostosa e, também, usamos bastante madeira na construção da casa, porque ambos gostamos do cheiro e do visual da madeira. Nós procuramos um médico de família (ou, como preferimos chamar, nosso curandeiro "de casa") que nos é muito agradável e, ainda, uma dentista, junto a quem nos sentimos muito à vontade. Tudo isso foi acontecendo, uma coisa atrás da outra, ao longo do tempo e, para cada um, são outras experiências que acontecem. Mas uma coisa é certa: em muitas particularidades de sua vida, você será levado para longe das regras e normas, para o empreendimento de uma maior individualidade. E, para todo individualista, a organização das particularidades de sua vida é completamente diferente e também é sentida dessa mesma forma. Pois cada um só se sente bem com determinada coisa e é assim mesmo que deve ser. O mundo seria uma lástima se todos tivessem o mesmo gosto — imaginem que chato a mesma atmosfera, idêntica, tanto em Roma quanto no Rio de Janeiro...

Seguem-se, agora, dois exercícios para se aprender a sentir, pois quem não percebe seus sentimentos, com exatidão, obviamente, não consegue comunicá-los exatamente como são:

Exercício 1

Imagine que você esteja na cabine de um banheiro público e não tenha podido passar o trinco na porta, porque este estava com defeito. Nessa complicada situação, eis que entra pela porta aquela colega de trabalho que você mais odeia, seu chefe ou qualquer pessoa que lhe seja bastante desagradável. Como você se sente em meio a essa situação? Simplesmente observe a si mesmo, com toda a sinceridade, face ao seu sentimento. Então, imagine outras pessoas bem diferentes, que também abram a porta inesperadamente. Sua mãe, seu pai, seus irmãos, o melhor amigo/amiga, seu marido/mulher, seu vizinho, seu filho (caso você tenha um, senão, alguma outra criança pequena), um artista pop, uma pessoa de quem você tenha medo ou por quem você sinta muito respeito, alguém com quem você esteja brigado. Pense nas pessoas mais diferentes possíveis e, em pensamento, deixe que todas entrem correndo naquele banheiro. Observe bem a diversidade de sentimento que o tomam em relação a cada uma dessas pessoas (certamente, uma criança deve parecer a alguém de modo um tanto diferente que, por exemplo, o Presidente da República).

Observe e aprenda a conhecer a si mesmo por meio de seus sentimentos.

Para se resolverem sentimentos particularmente desagradáveis, simplesmente imagine que você já tenha usado o banheiro, retirou-se do local, mas precisa retornar a ele após duas horas. Instintivamente, você se encaminha, com rapidez, para o mesmo banheiro de antes e, opa! quem está lá? Exatamente a mesma pessoa que o fez sentir tanta vergonha quando foi a vez de ela entrar pela porta sem tranca da sua cabine. "Ah! agora estamos quites." É o que você poderia dizer, com um sorriso soberano, fechando novamente a porta. Observe seu sentimento. Como ele é realmente? O que deveria dizer ou o que deveria acontecer, para que você se tranquilizasse novamente? Use sua imaginação e, em pensamento, simplesmente crie a melhor resolução, e que ela seja o mais divertida possível — sinta-a com o coração aberto e com toda a sua existência.

Exercício 2

Imagine que uma tribo de nativos havaianos o tenha escolhido como rei/rainha. Nessa tribo só vivem pessoas que têm um jeito de ser muito parecido com o seu e, por que a tribo inteira, espontaneamente, apaixonou-se por você, eles o tornaram rei/rainha. Trata-se de uma tribo rica e, automaticamente, você herdou uma imensa fortuna. Construíram para você um trono sensacional. Sentado em seu trono, você, ocasionalmente, recebe turistas que, em troca de muito dinheiro, são levados para conhecer os lugares mais lindos que a ilha tem a oferecer. Você está cercado de elegantes servos que o abanam e você "nada" no amor e na afeição de toda a tribo. E quem aparece diante do seu trono? Uma após a outra, todas as pessoas com quem você já teve problemas: gente de quem você tinha medo; gente que o fazia sentir diminuído, ou então, gente até simpática, mas que você exagerou e colocou nas alturas.

Observe novamente seu sentimento. Como você se sente com essas pessoas colocando flores e presentes aos seus pés, por honra ao rei/rainha? Imagine, de novo, sua família, filhos, companheira e amigos. Como você se sentiria em relação a cada um deles, separadamente, e o que você diria para cada um? Observe sempre seu sentimento nesses casos e tente percebê-los por completo.

Com exercícios assim, você se aproxima de si mesmo, conhece-se melhor, torna-se mais autêntico e, portanto, atrai para sua vida mais gente que combine com você, exatamente do mesmo modo que na tribo havaiana.

Resumo

Aprender a sentir começa na vida cotidiana: Como me sinto fisicamente? Estou com fome, sede? Estou cansado? O que me é indispensável? Tenho vontade de fazer o quê? O que me traz alegria?

Quando a pergunta "Como eu vou indo?" torna-se comum, logo se ajusta uma percepção mais refinada. E, subsequentemente, vêm outras perguntas: "Como isso ou aquilo está me parecendo? Isso é o correto para mim? Devo fazer isto ou é melhor fazer aquilo?".

Observe e aprenda a conhecer a si mesmo por meio de seus sentimentos.

Sentimentos Geram Pensamentos

SENTIMENTOS NO SUBCONSCIENTE

O trabalho com pensamentos positivos é um caminho muito importante para nos livrarmos dos emaranhados negativos e elevarmos nossa frequência vibratória. Já mencionamos alguns exemplos a esse respeito na primeira parte do livro. Com isso, levamos um pouco mais adiante a luta contra a indolência, quer dizer, contra o ego, que se apega ao negativismo e ao julgamento, que, simplesmente, não quer se desenvolver. Na primeira parte do livro percorremos metade do caminho que conduz à nossa realização pessoal e, agora, na segunda parte, temos o trabalho com sentimentos.

Por que ainda pensamos tão positivamente e aperfeiçoamos nossos esforços nesse sentido? No fim de tudo, há em nós, de uma maneira ou de outra, uma parte que não podemos apreender e que continua gerando sentimentos desagradáveis; essa parte é o nosso subconsciente. Tão precioso é o pensar positivo que acaba havendo sempre perigo, como no caso do uso de antibióticos, quando é usado como elixir que cura tudo: uma hora ele, simplesmente, passa a não fazer mais efeito. Quando se usa antibióticos com muita frequência, as colônias de bactérias se tornam cada vez mais resistentes e tal fato apenas nos mostra que há limites naturais para todas as coisas. Remédio milagroso é algo que simplesmente não existe.

O problema dos pensamentos positivos é que possamos considerar que todos os sentimentos desagradáveis sempre são "banidos", ao pensarmos positivamente. De acordo com a primeira parte do livro, já sabemos que tudo o que rejeitamos é revigorado exatamente por esse motivo e, dessa forma, conferimos cada vez mais força aos sentimentos rejeitados por meio de nossa rejeição. Também poderíamos dizer que é justamente por causa da rejeição de determinados sentimentos negativos e dolorosos que continuamos a provocá-los. Agora é que eles não podem estar curados mesmo, pois estão apenas "abafados", "mantidos sob a tampa" (veja no capítulo sobre o "rolo de grama").

O que posso fazer então? O fato de pensar positivamente trabalha com a razão e, com isso, atinge apenas limitadamente as regiões subconscientes. A respeito delas, será feita referência, agora, na Parte II, pois sentimento e pensamento se interdependem. Sentimentos são autárquicos. De certo que, em parte, podem ser estimulados pelos pensamentos, mas que eles constituam o acesso à nossa fonte interior ou que sejam a porta para o cosmo, seria mesmo um tanto estranho, principalmente, havendo tal subordinação tão completa à razão, não é mesmo?

O fato de que os sentimentos praticamente se escondem no subconsciente, soa aos nossos ouvidos, num primeiro momento, como um *nó górdio*: Como vamos fazer para chegar mais perto? Mas, por sorte, os sentimentos têm vida própria, eles seguem uma determinada meta e, no subconsciente, são orientados pela nossa alma. Se um certo sentimento continua ardendo, que assim seja apenas para nos indicar as possibilidades de nos tornarmos "inteiros", no fundo, para nos curar. Se um sentimento vem a ser sempre negado e tirado de cena, nós ficamos incompletos emocionalmente e também não podemos evocar nosso potencial em sua totalidade. Quando somos capazes de reconhecer o potencial de algumas pessoas, de curarem as outras, de serem clarividentes ou a capacidade de memória demonstrada por pessoas autistas, então, aos poucos, vão se tornando claras quantas forças talvez ainda possam estar repousando dentro de nós. A ciência já provou que, na verdade, utilizamos apenas uma pequena parte de nosso cérebro e que ainda não conhecemos muitas de suas regiões. Nós somos muito mais do que acreditamos e estamos a caminho de saber reconhecer, cada vez melhor, o nosso potencial.

Ao trabalharmos neste livro, fomos nos tornando cada vez mais conscientes de como é inexata a situação emocional em que nosso mundo se encontra atualmente. Além disso, gostaríamos, em primeiro lugar, de lançar um olhar crítico sobre a palavra "sentimento", mesmo que isso, agora, pareça ser meticuloso demais: nesta oportunidade, gostaríamos de estabelecer a diferença entre *sentimento* e *sensação*. Se quisermos nos identificar com nossos mais legítimos desejos do coração, então, a pergunta primordial é a seguinte: *O que quero realmente?*. E para isso, ela precisa de um sentimento claro: *Isto e também aquilo é o que meu coração deseja!*. É assim que um desejo adquire força. Portanto, um desejo do coração vem de nós mesmos, do fundo de nossa alma. A este respeito, vale lembrar que a palavra alemã *empfinden* (encontrar dentro de si mesmo), originária do *hochdeutsch* (alemão clássico), quer dizer *etwas in sich finden* (encontrar algo em si mesmo)[11]. Ao ter uma sensação, encontro algo dentro de mim, estreitamente ligado a mim mesmo. Meu coração me dá uma resposta quando lhe faço a pergunta e, então, *sinto* a resposta. E essa resposta será demasiadamente individual, porque todos somos pessoas especiais, somos indivíduos, com vida totalmente própria e, por conseguinte, também com desejos peculiares.

Mas o que normalmente acontece quando nos perguntamos: *O que eu quero?*. Aparece logo uma resposta compatível à minha pessoa? Talvez eu queira ser mais magro ou mais bonito, porque o mundo me ludibria com isso e, sendo assim, causaria uma melhor impressão na busca por um companheiro, em meu círculo de amizades, em meu ambiente de trabalho... Talvez eu queira, pelo mesmo motivo, ter mais dinheiro, um carrão, status, poder... Acredito que ninguém esteja livre de querer "representar" alguma coisa para poder ser digno de amor. Mas o que acontece em meu íntimo, caso a aparência já não seja tão viçosa quanto antes, porque agora estou mais velho? A propósito, está havendo um verdadeiro *boom* nas operações plásticas... E se eu perder meu status, meu dinheiro, o que acontece no âmago do meu ser?

O que estamos querendo dizer aqui é, obviamente, sobre amar a si próprio e saber se valorizar. Se você "se ama", é claro que se veste bem, porque simplesmente "tem valor para si mesmo"! E, naturalmente, atrai uma namorada, pessoas em geral, que igualmente correspondem a esse sentimento de "valor próprio" — como que simplesmente por encanto, automaticamente. Essa é a lei da atração. Para

---

11 Philolex — uma espécie de enciclopédia virtual da língua alemã, dedicada ao tema *Filosofia*; website concebido e mantido por Peter Möller, www.philolex.de

tanto, tem de se conhecer. E amar a si mesmo também significa se aceitar do jeito que é e, para conseguir isso, tem de conhecer a si mesmo. Antes de tudo, é preciso que seja feita a pergunta central: *O que quero realmente?*. E a resposta será mesmo sentida, ou seja, *empfunden*, "encontrada dentro de si mesmo".

Para encomendarmos ao Universo um desejo do coração, o primeiro passo é sentirmos mesmo o desejo e encontrarmos, dentro de nós, o que é compatível conosco. O meu desejo do coração tem força, porque eu sou realmente aquele que o deseja. Por esse motivo, é certamente tão importante saber o que eu gosto, o que eu *encontro dentro de mim*. Por meio das sensações, encontramos a nós próprios e, talvez, muitos *pedidos* não nos sejam entregues, porque nos distanciamos demais de nós mesmos. Talvez tenhamos passado a nos sentir apenas muito raramente. *Encontrar em nós mesmos*, significa, encontrar dentro de nós a nossa fonte, a nossa ligação com o Universo. Safi Nidiaye, no livro *Herz offen statt Kopf zerbrechen* (Abrir o Coração em Vez de Quebrar a Cabeça), Verlag Integral, que muito trabalhou com o coração e com os sentimentos, testemunha que passou pela experiência de "ter vivido mesmo pela primeira vez", no momento em que criou coragem e, verdadeiramente, começou a buscar TUDO dentro de seu coração. Talvez a vida só comece mesmo, a partir desse momento, quando se começa a "encontrar dentro de nós mesmos". É por esse motivo que os exercícios para perceber e sentir são elementos essenciais nos *Seminários de Alegria de Viver*, ministrados pela Bärbel.

No sentido exato, nós temos de ser consequentes e sempre usar a expressão "encontrar dentro de si mesmo", quando se tratar da descrição da percepção apurada e profunda que se dá quando se abre o coração. É provável que quase não tenhamos êxito, nesse aspecto, em todas as formulações que constam deste livro (no capítulo "Pensamentos geram sentimentos e sentimentos geram pensamentos", nós havíamos chamado isso de *sentimento do coração*, porque, ali, ainda não tínhamos explicado os termos). Em alemão, os termos *fühlen* (sentir) e *empfinden* (encontrar dentro de si mesmo; sentir no âmago do ser) são, simplesmente, muito misturados. Além do mais, em nossa vida cotidiana, só muito raramente nos damos a chance de "encontrar dentro de nós mesmos", porque, para tanto, é necessário termos disciplina para dirigir o espírito para a percepção, alinharmos as sensações e, em relação a elas, ficarmos mais atentos, tendo o interior como ponto de partida. No mais, conseguir "encontrar dentro nós mesmos" é algo que, infelizmente, quase só nos acontece como que num instantâneo fotográfico. Com o lema "De certo que nem sempre, mas cada vez mais regularmente", esperamos contribuir, por meio deste livro, para que cada vez mais isso vá dando certo para todos nós.

    Nosso estado normal é, infelizmente, sem essas sensações provenientes do fundo do coração. Na vida cotidiana, de algum modo, nós "funcionamos" automaticamente e, na maioria das vezes, não nos perguntamos o que estamos sentindo naquela oportunidade ou o que exatamente nos faria bem no momento. Nesse *modo* subconsciente e automático, esquecemo-nos de tudo o que se refere a "encontrar dentro de nós" e, consequentemente, sentimos muito mais o ambiente que nos cerca do que a nós mesmos. Nós seguimos muito mais as obrigações da profissão e do cotidiano do que nosso coração; somos arrastados pela correnteza dos pensamentos e nos mantemos ocupados com temas passados e futuros. Sendo assim, é claro que o momento presente e também nós mesmos passamos a ser muito menos "sentidos".

Enquanto nossos pensamentos estão ocupados com o *ontem* e com o *amanhã*, ao mesmo tempo, também geramos sentimentos: talvez porque ficamos investigando, sempre e cada vez mais, as situações do passado; porque nos encontramos inteiramente no sentimento de "como era naquela época". Com isso, nosso ego nos ludibria, atém-se ao sentimento e se identifica com ele. Nós, então, permanecemos por um longo tempo nesse sentimento e, de algum modo, entregamo-nos totalmente a ele. De acordo com a Parte I, sabemos que o ego aprecia "falar e pensar" negativamente. Assim, logicamente: o ego também preza sentimentos negativos. Desse modo, tais sentimentos lhe conferem mesmo bastante energia. Por certo que também sofremos por causa deles, porque nos roubam força, simplesmente não dão trégua e nos desmerecem.

Contrariamente a isso, sensações apuradas, "encontrar dentro de nós mesmos" é algo livre de identificações, porque é breve, é focado no momento presente, é sempre novo, além de livre de sofrimentos, porque nos conecta à fonte de nossa existência, aprimora-nos e nos faz criativos. Isso tudo também significa *vivenciar*, estar realmente com os pés na Terra. É sobre esse assunto que falaremos no próximo capítulo.

Resumo

Se um sentimento vem a ser sempre negado e tirado de cena, nós permanecemos incompletos emocionalmente e também não podemos evocar nosso potencial em sua totalidade.

A palavra alemã empfinden *(ter a apurada sensação de; sentir no âmago do ser), quer dizer* etwas in sich finden *(encontrar algo em si mesmo). Ao ter uma sensação, encontro algo dentro de mim, intimamente ligado a mim mesmo. Meu coração me dá uma resposta!*

Para encomendar ao Universo um desejo do coração, o primeiro passo é sentir mesmo **o** *desejo e encontrar, dentro de mim, o que é compatível comigo. Meu desejo do coração tem força, porque eu sou realmente aquele que o quer conseguir.*

SENTIMENTOS QUEREM VIR PARA A TERRA

O tema sentimento e sensações tem, portanto, muito a ver com nosso ego. O ego julga, pesa e pondera, se enaltece enquanto desmerece os outros, para fazer boa figura. Ele critica e exige perfeição e, de preferência, queixa-se a respeito de falhas e carências, tanto de uma pessoa específica, quanto de absolutamente todas as outras. Com isso, o ego não **vivencia** o outro como acontece numa sensação e suas decorrentes investigações internas, mas sim, limita, choca-se contra o outro, contra seu semelhante e, de uma hora para outra, cria uma luta, uma disputa para definir quem é melhor, quem tem razão etc. Como o nome já diz, o ego enxerga apenas a si mesmo.

O ego não é exatamente capaz de vislumbrar e sentir, muito pelo contrário, o ego faz tudo para não chegar até a condição de sensação investigada internamente, porque isso só se consegue quando há empatia no coração; o caminho para o coração e para tais sensações é sempre uma luta contra o ego. Também podemos dizer que quanto mais o ego se refinar, mais ele estará aberto para a experiência relacionada às sensações percebidas física e emocionalmente. De um lado, ficam a razão e o ego, do outro, o coração e essa peculiar capacidade de perceber as sensações com profundidade — a "verdade" do ego pode ser bem diferente da "verdade" do coração.

Uma amiga nossa, na ocasião de uma regressão, passou por um tipo de experiência de morte, da qual o ego e a razão queriam se desviar, com toda força, porque não desejavam passar por tal coisa. Quando tudo se acalmou e uma espécie de transe se observou em seu coração, ficou bastante claro que, no que se refere às sensações percebidas e investigadas no íntimo, essa experiência de morte foi até mesmo agradável e nada assustadora. Semelhantes experiências com a morte foram documentadas por Elisabeth Kübler-Ross. Há, portanto, definitivamente, uma diferença entre as sensações percebidas física e emocionalmente em nosso íntimo e a "verdade do coração", e entre o sentimento e a "verdade da razão". Eu imagino que a tese da PLN (Programação Neurolinguística), de que se pode evocar e influenciar os sentimentos por meio do pensamento, esteja certa. Entretanto, a razão só pode mesmo influenciar o sentimento, não a sensação, pois ela só aparece quando a mente se aquieta e o julgamento repousa — só então pode ser ouvida a serena voz do coração.

Todos os seres humanos estão ligados uns aos outros pelo corpo emocional. Assim sendo, todos os seres humanos são invisíveis partes integrantes de um só corpo emocional. Por meio desse corpo, também se dão a visão remota e a penetração clarividente nos sentimentos do outro. Quando o coração está aberto e ocorre a íntima percepção física e emocional das sensações, a pessoa pode penetrar nos sentimentos do outro, do mesmo modo como pode sentir e perceber a si mesma. Se o coração não está aberto, o contato com as outras pessoas, em vez de se dar por meio do coração, se dá por meio da razão, portanto, é repleto de críticas e julgamentos, ao passo que esse "sentir" não é verdadeiramente uma "sensação" que vem do âmago de um ser humano.

Conforme já descrito na Parte I, C. G. Jung encontrou uma boa explicação para a diferença entre *empfindung* (sensação) e *gefühl* (sentimento). A sensação no âmago do ser vem em primeiro lugar, é primitiva, depois vem o pensar e, só então o sentimento. O sentimento avalia, nesse contexto, o que a sensação em nosso íntimo definiu, primeiramente, sem classificar. Por esse motivo, há ausência de crítica e julgamento na sensação, ou seja, ela é livre do ego. O ego só vem depois disso e, ao longo do caminho, decide, com o pensar, sobre o que ele vai fazer com o que aconteceu. O ego determina, portanto, o que **quer** sentir! Mesmo que, à primeira vista, possa parecer inacreditável: nós mesmos determinamos (na maioria das vezes, inconscientemente) como estamos na vida e como nos sentimos! Nós mesmos decidimos se somos vítimas ou se, por meio de nossa força e poder, tornamo-nos cada vez mais resolutos e simplesmente dispensamos o papel de vítima.

Do mesmo modo que num rádio, o ego decide qual estação temos de escolher para ouvir, ou seja, o que *queremos* ouvir. E na vida real, também temos a livre escolha de todas as frequências de sentimentos. Claro que o ego quer assumir ares de importância e adora escolher as estações "autopiedade" e "megalomania". Mas quanto mais refinarmos o ego, menos gostaremos dessas estações e muito mais raramente ainda escolheremos essas frequências para nossos sentimentos.

Mas se o coração está fechado, então, determinados sentimentos não podem ser vividos, pois o ego se apega demais a eles. O ego simplesmente não quer se desenvolver. Portanto, é como se uma barreira existisse, os sentimentos ficam represados e é criada uma pressão para quebrar esse dique. Os sentimentos querem, sim, vir para a Terra. Renovadamente, a alma cria, com isso, certas situações que se repetem, até que esse determinado sentimento seja, finalmente, percebido no íntimo do ser e vivenciado. Por tudo isso é que aparece sempre o mesmo tipo de homem na vida de uma mulher, sempre acontecem situações familiares semelhantes ou determinadas condições de trabalho. Empurrar certos sentimentos para longe, torna-os infinitamente mais fortes, assim como rejeitar determinadas situações de vida é como clamar ao extremo por elas.

Mais uma vez (mas agora, realmente, pela última vez) gostaríamos de retomar o exemplo do medo de ser mordido por um cachorro. O motivo desse medo talvez possa ser o fato de, na infância, eu ter sido mordido por um cachorro. Naquela época, eu ainda era muito pequeno para poder superar emocionalmente tal situação e, internamente, "desisti". Eu distanciei a minha vivência da realidade e fugi da situação. Infelizmente, não senti e investiguei, em meu íntimo, o sentimento de "ser mordido" e, de algum modo, bloqueei-o, energeticamente, dentro de mim. Hoje, procuro, inconscientemente, uma situação na qual esse sentimento possa ser reativado para que ele possa ser sentido e investigado, em meu íntimo, física e emocionalmente, e, por fim, integrado à minha vida. Com isso, a barreira energética será desfeita.

Na psicologia, no que se refere a problemas sérios que ocorrem na infância e não podem ser superados, usa-se o termo "distúrbio de personalidade": mais tarde, as pessoas atraem, compulsivamente, sempre e sempre, acontecimentos semelhantes para sua vida, à medida que, copiosamente, simplesmente continuam fazendo determinadas coisas. À primeira vista, esse comportamento tolo e sem lógica é considerado como distúrbio psicológico, porque, via de regra, a pessoa acumulou experiência e, com isso, aprendeu a lidar com determinadas situações. Mas do ponto de vista do sentimento, tal coisa faz todo o sentido: as experiências desagradáveis que sempre estão de volta estão ligadas a esses sentimentos reprimidos e bloqueados que querem ser, finalmente, resolvidos e sentidos no íntimo.

Sentimentos querem vir para a Terra. Uma ideia seria que, antes da encarnação, a alma escolhe determinados temas, provavelmente de vidas passadas, e que, nesta vida, desejam ser vivenciados e transformados. Se sentimentos são rejeitados, então eles não vêm para a Terra e ficam estagnados em algum lugar (se assim preferem) entre o céu e a Terra. Dando continuidade a esse raciocínio, uma pessoa que não consegue propriamente sentir no âmago de si mesma, de certa maneira, também não se encontra propriamente na Terra. Isto nos faz chegar, novamente, à conclusão de que, quase todos nós conhecemos apenas "uma pontinha" de nosso potencial. Pois, do ponto de vista do "sentir no âmago do ser", em algum lugar, nós não estamos verdadeiramente vivos. Por conseguinte, ocuparmo-nos com temas como *sentir no âmago do ser* e *dores não vivenciadas* é um ótimo caminho para chegarmos completamente à Terra, e por que não dizer, para nos tornarmos inteiros. Por esse motivo, desde tempos imemoriais, os Sufis também abençoam as pessoas com as seguintes palavras: "Seja o que você é!". Isso quer dizer se tornar, realmente, "receptivo às sensações", de coração aberto e, assim, antes de tudo, em algum momento, vir a ser o que se constituiu no maior potencial existente dentro de nós.

Resumo — Ego e Sensação

Um ego não-refinado não aceita críticas, busca perfeição em si mesmo e adora falar sobre os erros dos outros. Ele atrapalha o processo da manifestação com o seu "não-estar-no-amor". Ele não está em união com tudo, mas sim, deposita toda sua força na separação. Em contrapartida, quem realmente sabe sentir o que se passa — tanto em seu interior, quanto ao seu redor — e quem, nesse caso, sabe sempre dar prioridade ao amor, quer dizer, quem ama a si mesmo com seus próprios erros e permite que os outros também possam melhorar, tem a verdadeira força criativa nas mãos. Um ego refinado se aproxima da unificação universal. Ele desobriga o "ser fixado em separação", portanto, obtém acesso à energia criativa da unificação.

Como diz a regra, reduzindo a um denominador comum, temos:

Muito amor-próprio, ego refinado, sentir com prazer e profundidade = muita força criativa.

Sentimento de valor próprio reduzido, ego grosseiro, achar que "sentimentalismo não é legal" = pouca força criativa.

Por mais tipos de sentimentos

Em algumas regiões do mundo, há muitos termos diferentes para designar "neve", para poder descrever sua consistência com total exatidão. Em contrapartida, na Alemanha, há 125 tons de cinza na escala de cores...

Isso foi apenas uma piadinha à parte. Mas, em vez desses 125 tons de cinza, o que poderíamos precisar mais seriam termos claramente distinguíveis na área do sentimento. Em alemão nós temos apenas UM termo para designar diversas coisas. Isso leva à confusão. Este motivo já é suficiente para termos dificuldade de comunicar o que sentimos exatamente, porque nos faltam os termos para tanto. Por esse motivo, muito constantemente se tenta estabelecer uma diferença e dividir o que se descobre com o termo existente. Então, gostaríamos de apresentar algumas subdivisões e esclarecê-las, um pouco mais detidamente. Pensar sozinho a esse respeito causa um efeito organizador sobre o corpo emocional. No fim das contas, os termos acabam sendo indiferentes, o que importa é somente o fato de nos tornarmos internamente conscientes dessas tão diversas formas de sentimento.

1) Sentimento ou sensação no momento presente.

A um sentimento que se dá, a partir de um determinado momento, chamamos, como sempre, de *sentimento*, ou, de acordo com C. G. Jung, a primeira sensação, a primeira percepção do meio. Não se trata aqui de que termos ou de que ordem é a certa, mas apenas da oportunidade de, por meio de diversas definições possíveis, podermos sentir, dentro de nós mesmos, de modo diferenciado, de onde um sentimento realmente se origina.

Se fizermos disso um exercício constante, a nossa percepção fina se apura, como também, a compreensão de nós mesmos. E, depois disso, podemos esquecer, de novo, os diversos termos e usar a habitual palavra *sentimento* como termo genérico para tudo. Pois se, mais uma vez, ficarmos pensando muito a respeito de que termo é o correto, certamente estaremos, outra vez, no intelecto e não no coração.

2) Emoção (lat. *ex* "fora de" e *motio* "movimento, abalo").

Quando um sentimento que se deu a partir de um momento é intenso demais e aquele que tem o sentimento não o consegue suportar, ele o reprime, em vez de vivenciá-lo por completo. Esse sentimento desce até o nível físico e é armazenado nas células corporais. Um sentimento pode depender bastante do julgamento subjetivo do ego e, então, tornar-se emoção. Quando um sentimento antigo vem à tona, porque se quer fazer notar e ser extravasado, ele tem muito pouco a ver com o momento presente. Em muitos lugares, ele, então, não será mais chamado de sentimento e sim de emoção.

Exemplo 1: meu cachorro acaba de ser atropelado, eu vivencio um sentimento de luto. Isso é normal, saudável e faz parte do momento.

Exemplo 2: meu cachorro foi atropelado quando eu era criança. Disseram-me que eu não deveria chorar e o sentimento não expresso foi armazenado no nível físico e, então, tornou-se uma emoção. Sempre que alguém perto de mim se comporta de maneira demasiadamente emotiva, eu me sinto desconfortável. Ora, eu me "sinto" mal porque o fato de o outro estar emocionado desperta em mim antigas emoções. Eu não quero isso, portanto, tenho de, o mais rapidamente possível, reagir, por exemplo, com frieza, ao ataque das emoções.

3) **Intuição** (lat. *intueri* "observar, considerar, ponderar").

Muitas vezes, também é chamada de pressentimento. Aqui se apresenta um tipo inteiramente diferente de sentimento: no início do livro, refletimos sobre o fato de que alguns sentimentos são como uma espécie de pensamentos compactados e armazenados. Eles sintetizam nossas vivências e experiências e, assim, permitem-nos um acesso rápido aos dados armazenados. Quando estamos diante de uma situação complexa, muitas vezes não precisamos repassar, em pensamento, cada um dos fatores de influência, mas uma espécie de "sentimento abrangente" nos "avisa o que há".

Exemplo: eu quero contratar uma nova diarista e tenho três à minha escolha. Antes que eu precise analisar, em cada uma delas, separadamente, o tom de voz, a postura corporal, o olhar, o vocabulário, as expressões faciais e o que transmitem, uma espécie de "sentimento abrangente" me "avisa" qual é a melhor. Isso é chamado de intuição. Contudo, também se torna evidente, porque a intuição não é infalível, ela está relacionada, pelo menos em parte, à minha experiência de vida e aos meus julgamentos de até então a respeito do mundo.

4) **O sétimo sentido**.

Há também uma forma especial de sentimento, para a qual nós temos de, antes de tudo, encontrar uma nova palavra para designá-la, apesar de a conhecermos bem: a essa forma especial, poderíamos chamar de "sétimo sentido" ou "sensação intuitiva" e, com isso, descrever tais intuições que possuem um caráter mais objetivamente organizado e se originam de uma esfera para além do nosso ego ou da nossa experiência terrena.

5) *Empfinden* **(sentir no âmago do ser)**.

Conforme mencionado anteriormente por Manfred, *etwas, was man in sich findet*, algo que encontramos dentro de nós mesmos, segundo a origem da palavra em alemão clássico. Nessa situação, praticamente, encontra-se a si mesmo em meio ao silêncio interior, com o coração aberto. Ali, encontra-se um gratificante mundo de sensações absolutamente particular. Com isso, ele forma uma oposição em relação aos sentimentos que são provocados por impressões exteriores. Sentimentos também podem ser assimilados, inteiramente, a partir do exterior. Por exemplo, podemos ser empáticos, juntarmo-nos ao outro e, sem dificuldades, geralmente sem que seja percebido pela consciência, "assumir" para nós seus sentimentos. Todavia, a pessoa realmente empática só pode ser aquela que sabe se sentir no âmago do ser. Portanto, os sentimentos não precisam, necessariamente, pertencer a mim, pelo contrário, se uma pessoa não consegue, realmente, sentir no fundo de si mesma, então, há um certo vazio em seu íntimo, ela não se sente, não ouve seu próprio coração, não sabe o que lhe faz bem, não vive, de fato, mas sim "vive passivamente", obedece às circunstâncias e às opiniões do mundo exterior. Geralmente ela é dependente do mundo exterior, pois, lá dentro, não há nada, não "sente", não "encontra" nada em seu íntimo. E alguém assim preenche esse vazio, com toda sorte de compensações, para justamente não vivenciar o vazio, o "estar dissociado de si mesmo". Assume os sentimentos do exterior e passa a considerá-los seus.

Isso me faz lembrar um pouco o famoso *Cartoon* de Loriot[12], *Das Frühstücksei*, sobre o ovo meio-cozido, típico do café da manhã alemão, quando o marido reclama sobre o ovo estar cozido demais e a briga conjugal termina,

---

12 N. T.: Loriot ou Vicco von Büllow, uma personalidade *cult* na Alemanha, autêntica, um ícone vivo — humorista, artista gráfico, diretor, ator e escritor.

então, com a acusação da esposa: *Você está querendo dizer com isso que eu não tenho sensibilidade?*. É quase característico, em nosso tempo, no mundo atual, que cada vez mais se demonstre maior interesse pelo mundo exterior do que pelos próprios eventos interiores. O vazio interior é preenchido com sentimentos e informações vindos de fora, todavia, não pode ser preenchido dessa maneira. Esse vazio só pode ser curado quando nos voltamos para dentro, para a análise de sentimentos e temores e para a aceitação da parte desagradável deles. E com a volta à qualidade de sentir, "de encontrar dentro de si" a essência da própria existência.

Por tudo isso, *empfinden* é, também, a parte universal dentro nós mesmos *que sente*. Essa é a *nossa* nova definição dessa palavra. Nesse sentido, sensações (*empfindungen*) serão consideradas também como *sentimentos da alma*. Qual sensação emerge em mim, quando eu, em completo silêncio, escuto-me dentro de mim? Quando o ego terreno se cala e eu escuto, atentamente, dentro de mim, a força elementar do Universo? Quando abro meu coração e simplesmente **sou**, sem expectativas e sem julgamentos? Então, emergem sensações que expressam o que a nossa alma quer nos dizer. Esse tipo de sentimento é, portanto, vivenciado como profundamente gratificante, porque ele nos religa à nossa força elementar. Nós sentimos, *ou seja*, "encontramos dentro de nós", repentinamente, um sentimento de unidade com tudo e nenhuma dissociação mais.

Por tudo isso a palavra *sentimento* mal cabe aqui, porque esse "encontrar dentro de nós" a divina unidade universal, não é um sentimento oriundo de um momento, mas o protosentimento que, na verdade, existe em nós, desde sempre, mas que, na maioria das vezes, estamos demasiadamente ocupados com sentimentos terrenos, para ainda podermos nos dar conta da sensação de eternidade.

No entanto, quanto mais frequentemente o fizermos, mais carregadas estarão nossas baterias, nossa força interior, e passamos a ter certa alegria básica por tudo o que fazemos. Encontrarmo-nos em nosso íntimo conosco e com o próprio cerne universal/divino, resulta em um gratificante sentimento abrangente de serena satisfação interna com nós mesmos. Internamente, flutuamos satisfeitos, em um tipo de memória viva da unidade.

A esse estado de diferenciação mais clara chamamos de *sensação parcial*. Agora, essa sensação também gostaria de ser sentida e de se expressar. E, do ponto de vista espiritual, este é o sentimento que possui maior força criativa. Quando uma sensação assim, que vem direto do **âmago do meu ser**, pode fluir livremente e ser constatada, causa uma surpresa, sem demora no *prazo para entrega*. Tal sensação, também podemos traduzir como "o sentimento da unidade em nós".

Quanto mais uma pessoa se dissocia disso, mais ela e sua alma se sentem apátridas. Elas não moram mais dentro de si nem conseguem mais sentir, verdadeiramente, a si mesmas. Isso implica que a sensação originária sofrerá dissociação da força criativa. Em seu lugar são gerados, vagarosamente, os contumazes sentimentos compensatórios. Para a alma, isso significa que acontecerão coisas que ela não sente e, por conseguinte, não compreende.

Suponhamos que a sensação da alma queira vivenciar ligação sentimental com outra alma. Essa pessoa não sente a si mesma, tem medo de ficar sozinha e passa a beber com seus colegas, para que seja aceita no grupo. O sentimento de medo de separação e rejeição gera, ao longo do tempo, exatamente esses sentimentos indesejáveis. Porque a pessoa vive numa consciência "gregária", movida pelo medo, não enxerga a pessoa que, na verdade, combina com ela e, em vez disso, passa seu precioso tempo com as que não combinam de forma alguma e "força uma barra" para "combinar" com tais pessoas. A pessoa que combinaria com ela fica de lado, sozinha. **Isso** a alma não entende, a sensação no âmago do ser cai no vazio. Esse indivíduo está dissociado do "encontrar dentro de si", de sua fonte interior. A partir do vazio interior, busca uma correspondência de sentimentos com o ambiente e com os eventos externos e isso, de preferência, ininterruptamente, sempre envolvido em novos sentimentos que se espelham no exterior. No fim das contas, isso vai se tornar uma compulsão por sentimentos exteriores e suas correspondências com o ambiente, e assim por diante. Essa compulsão proporciona apenas uma segurança provisória, pois o que todos buscamos é, na verdade, a volta ao "encontrar dentro de si", o retorno à fonte interior.

Resumo dos Tipos de Sentimentos e dos Desejos do Coração

Sentimento *se dá a partir do momento.*
Emoção. *Sentimentos não vivenciados até o fim e armazenados nas profundezas do ser, que são desencadeados pelos mais diversos motivos e podem ser despertados em parte. Eles não são exatamente uma reação natural ao que acontece no momento, e sim lembranças do próprio sentimento, indiretamente desencadeadas.*
Intuição. *Condensa impressões e as compara com as experiências vividas.*
Sentir no âmago do ser. *É o sentimento da unidade em nós. Ele vem do coração e de nossa alma e possui a mais intensa força criativa. Todos os desejos que surgem quando nos encontramos em meio à sensação de unidade*

interna com todas as coisas são dotados da maior força de realização. Esses são os mais puros **desejos do coração** *que podemos imaginar. E não por causa disso precisam ser os mais sofisticados desejos. De todo modo, com toda certeza, eles não prejudicarão ninguém, nem a natureza, pois se originam do sentimento de unidade com tudo; são apenas capazes de incluir pequenas alegrias banais em nosso cotidiano. No momento em que emanam da " íntima sensação de" e do coração, não conhecem nem o medo, nem a dúvida, muito menos o impedimento. Eles possuem a maior força possível porque nascem da consciência da própria força divina.*

Todo sentimento encerra o seu oposto

Os visíveis critérios das leis em vigor para o mundo material são igualmente válidos para o mundo invisível. É o que nos quer esclarecer o seguinte proferimento dos iniciados na Idade Média: *O que está em cima é como o que está embaixo, o que está dentro é como o que está fora.* O que é evidentemente certo para a esfera material, também se aplica à esfera espiritual e emocional. Basta que se tome o exemplo da onda como princípio fundamental do princípio aplicativo alquímico *solve et coagula* (dissolve e coagula), assim, a onda é apenas uma expressão do fato de que tudo no mundo tende ao equilíbrio. Se algo é "mais" (crista da onda), será equilibrado por meio de um "menos" (vale da onda). Quando estamos no mar, de repente a onda desaparece (parece que a água se desmanchou em ar, que se fez invisível), logo depois, a onda reaparece (o invisível volta à forma anterior de onda marinha).

Quando estamos na praia, as ondas vão e vêm. Quando a onda não está presente, isso NÃO significa dizer que não há onda e sim apenas que naquele momento, há um vale de onda e que, com toda a certeza, uma crista de onda surgirá, novamente, no próximo ciclo. Trata-se apenas da expressão de polaridade, isto é, que há claridade e escuridão ou que, permanecer na onda compreende um vaivém infinito da água, portanto, logicamente: presença da água (claridade); ausência da água (escuridão). A polaridade é constituída de opostos que, renovadamente, alternam-se para produzir um equilíbrio, uma compensação.

Há séculos, já existem posicionamentos espirituais a esse respeito. Os Sufis, por exemplo, acreditam que a ausência de determinada característica na vida de alguém, significa que é exatamente a esta característica que a pessoa deve se dedicar mais. Se ela não está presente, então, cabe à pessoa resgatá-la. *Característica* pode ser qualquer coisa, desde força de imposição, passando por aceitação, até compaixão e sabedoria. E, pelo fato de os Sufis acreditarem que tudo o que existe foi feito por Deus (e a esse respeito, não estão sozinhos), todas as qualidades e características que uma pessoa possa ter, também são de natureza divina. Por tudo isso, eles fazem uso de determinadas invocações de Deus, as assim chamadas *Wasifas*, a fim de trazerem mais qualidades para sua vida, visto que, as circunstâncias lhes exigem maior dedicação a esse tema específico. *Wasifas* se parecem um pouco com mantras ou com a reza do terço, mas se originam dos países de língua árabe. Assim como já descrito no caso da água, a ausência de um determinado traço de caráter em uma pessoa não significa, em absoluto, a completa impossibilidade de conquistá-lo, mas apenas a necessidade de colocá-lo para funcionar, porque ele está inserido em nós, sem nos darmos conta, do contrário, ele jamais poderia nos fazer falta e ser o tema em questão.

A concepção dos Sufis se une à visão dos místicos da Idade Média. A Filosofia Hermética adotada por eles (Hermetismo) é atribuída a Hermes Trismegisto (Hermes Três-Vezes-Grande) que, acredita-se, viveu por volta de 2000 a.C. Ela se baseia em sete axiomas ou princípios, dos quais já conhecemos o segundo — *O que está em cima é como o que está embaixo, o que está dentro é como o que está fora.* Visto que agora certamente todos ficaram curiosos, aqui está uma visão geral de todos os conceitos fundamentais do Hermetismo:

1. Princípio do Mentalismo. "O TODO é mente; o Universo é mental."

2. Princípio da Correspondência. "O que está em cima é como o que está embaixo, o que está dentro é como o que está fora." As leis válidas para a matéria são igualmente válidas para a alma e para a mente. E o contrário.

3. Princípio da Vibração. "Nada está parado, tudo se move, tudo vibra."

4. Princípio da Polaridade. "Tudo é duplo; tudo tem polos; tudo tem o seu oposto; o igual e o desigual são a mesma coisa; os opostos são idênticos em natureza, mas diferentes em grau; os extremos se tocam; todas as verdades são meias-verdades; todos os paradoxos podem ser reconciliados."

5. Princípio do Ritmo. "Tudo tem fluxo e refluxo; tudo tem suas marés; tudo sobe e desce; tudo se manifesta por oscilações compensadas; a medida do movimento à direita é a medida do movimento à esquerda; o ritmo é a compensação."

6. Princípio de Causa e Efeito. "Toda a causa tem seu efeito, todo o efeito tem sua causa; tudo acontece de acordo com a lei; o acaso é simplesmente um nome dado a uma lei não reconhecida; há muitos planos de causalidade, porém nada escapa à lei."

7. Princípio do Gênero. "O gênero está em tudo; tudo tem o seu princípio masculino e o feminino; o gênero se manifesta em todos os planos."

O quarto princípio diz que tudo o que existe é feito de opostos. De acordo com o quinto princípio, os opostos, a um tempo, também são complementares e, então, equilibrados pelo ritmo. Aqui também se revela que uma determinada característica de uma pessoa só pode existir, se ao mesmo tempo o seu oposto também existe, embora não seja ainda perceptível.

Mais explícito ainda é o filósofo grego, Heráclito, que viveu por volta de 500 a.C. Segundo ele, o mundo de experiências do homem também é feito de opostos. Verão e inverno, calor e frio, dia e noite, riqueza e pobreza

— tudo isso só pode ser humanamente experienciado, se também se conhecer o oposto em questão. Toda qualidade só é compreensível em contraste com seu oposto. De mais a mais, Heráclito reconhece a "unidade de opostos": de acordo com sua constatação "panta rhei" (tudo flui), o mundo estático é impossível. *Só a transformação é eterna*. Os aparentemente opostos do mundo, cada vez mais se interpenetram e se alternam. O dia se transforma em crepúsculo, em noite e, ao nascer da aurora, em um novo dia outra vez. A onda vem, a onda vai... Para Heráclito, o mundo em constante transformação é caracterizado por uma "luta de opostos", uma luta que, com a melhor das intenções, leva a uma harmonia que habita o interior, de modo que todas as polaridades, no nosso mundo de experiências, possam sempre, sempre se alternar. Para Heráclito, a um tempo, tais polaridades e opostos coexistem e formam pares de opostos que são inseparáveis, como por exemplo, dia/noite, verão/inverno. Ele considera esses pares como unidade que contém ambos os lados em si, de modo semelhante ao símbolo Yin-Yang. Ambos os aspectos da unidade dia/noite se interdependem, sem noite não haveria dia. Dia e noite se complementam, sem que qualquer das partes possa se perder, mesmo que, entre um momento e outro, não sejam perceptíveis ou aparentem ter mesmo sumido.

Portanto, para Heráclito, o princípio do mundo consiste no fato de que uma oculta e profunda unidade — que contém a aparente diversidade e a reintegra — mostra-se nos opostos. Contudo, há algo permanente, inalterável que, por pender de uma polaridade a outra, apenas aparenta estar em constante mudança. Segundo o pensador, "a luta é a essência de todas as coisas", porque ela traz consigo a harmonia.

Por último, é interessante ainda mencionar a visão de que, nas polaridades, uma das qualidades é sempre predominante. No par de opostos luz/escuridão, é óbvio que a luz é predominante. Quando está escuro, acendemos a luz e tudo clareia (experimente só "acender" a escuridão quando estiver claro...). Portanto, escuridão é apenas a ausência de luz. A luz predomina em relação à escuridão. Um aspecto reconciliável da dualidade, que também demonstra que o amor sempre predomina sobre o ódio. Do mesmo modo que a escuridão, o ódio também desaparece no momento em que o amor desperta.

O que isso significa para nossos sentimentos? Quando pensamos no princípio "O que está dentro é como o que está fora" em toda a sua extensão, desta forma, uma espécie de "onda de caráter" pode ser assimilada, internamente, pelo corpo emocional. Também os sentimentos estão "sempre em fluxo". Podemos reconhecer tal coisa, facilmente, no que é típico dos adolescentes, "pular de tanta felicidade", mas também "quase morrer de tristeza". Aqui é que o corpo emocional começa a se desenvolver, ele surge e amadurece, enquanto o ser humano "vai crescendo". Certamente, esse também é um indício dessa estrutura básica em forma de onda do mundo emocional. De alguma maneira, os sentimentos precisam da compensação e, por isso, certamente, todos nós conhecemos bem o fenômeno que nos abate quando temos de voltar às nossas atividades habituais; após um lindo seminário ou um fantástico fim de semana, uma certa tristeza ganha amplitude. Aqui, mais uma vez, uma onda de sentimentos também oscila e parece que o "pêndulo" se inclina só para um lado. Com toda a certeza, isso não significa que teremos de nos confrontar a vida inteira com tais vibrações e sofrer. Na verdade, o sofrimento só surge quando não o vivenciamos ou quando não queremos senti-lo e, com isso, não acolhemos um lado da polaridade de um par de sentimentos, como por exemplo, tristeza/alegria. Quando é assim, o lado positivo do par de opostos não consegue entrar na nossa vida. A questão de o corpo emocional também estar sujeito a tais vibrações se deixa perceber, claramente, no biorritmo, no qual o ritmo emocional precisa de um ciclo de vinte e oito dias (14 dias positivos; 14 dias negativos).

Todavia, devemos considerar os sentimentos como ondas, não como parcialidade, porém, como totalidade. Um sentimento está sempre vinculado ao seu oposto, do mesmo modo que um vale de onda não pode existir sem a crista da onda. Como no caso dos opostos claro/escuro, preto/branco, também há essas polaridades no corpo emocional onde, de certa forma, aparecem sempre em combinação. E se um lado que pareça ser mais doloroso for reprimido, por não querer ser sentido e vivenciado, o outro lado também não pode vir para a Terra... Se a crista da onda não é permitida, nenhum vale de onda pode surgir. Da mesma forma, o corpo emocional existe dentro dos padrões da polaridade, portanto, é um corpo de natureza dual. E quando aprendemos a sentir e vivenciar algo "ruim", o caminho fica livre para o aspecto positivo dessa dualidade, isto é, fica livre para o que nos faz felizes. E porque isso tudo soa muito abstrato, a seguir vamos citar alguns exemplos.

Posso falar por experiência própria, porque isso é mesmo verdade: quando um sentimento negativo é realmente acolhido e sentido no mais íntimo de nós mesmos, ele se dissipa e se transforma em seu oposto. Isso é terrível para o "sentimento do Eu" (*ich-gefühl*) ou para o ego. Conforme já descrito, o ego se apega ao sentimento e, quando um sentimento assim se dissipa, para o ego é como se ele fosse morrer, dispersar-se no ar. Eu acredito que seja por isso que os Sufis dizem: "Morrer enquanto viver" e, certamente eles se referem a esse processo, segundo o qual o ego acredita que vai morrer. Em contrapartida, é revelado um pouco mais do verdadeiro *Eu,* que nasce nesse momento.

No meu caso (Manfred), minha vida foi, desde muito cedo, marcada por separações. Depois que eu, aos dezessete anos, passei pela experiência do primeiro amor, de forma extremamente dolorosa (infelizmente, sem "encontrar dentro de mim mesmo"), as outras duas separações subsequentes continuaram sendo para mim muito sofridas e vinculadas às longas e torturantes perguntas quase como numa autoflagelação: "O que eu fiz de errado?". "O que eu poderia ter feito melhor?" "Uma mulher tão maravilhosa assim eu não vou achar nunca mais" etc. Eu sempre encontrava possibilidades para desviar minha atenção, de modo que não tivesse de vivenciar meu sentimento de estar sozinho, meu sentimento de ter ouvido um não, meu sentimento de rejeição. Encontrava amigos com quem sempre podia falar a respeito, eu tinha casos, havia o meu trabalho, uma especialização, a televisão e tudo o mais. Entretanto, em meu último rompimento, aconteceu uma coisa completamente diferente: de algum modo eu consegui penetrar, realmente, o sentimento de estar só e ter sido rejeitado e, em consequência disso, sentir, no mais íntimo de mim, "encontrar dentro de mim mesmo". E uma coisa muito estranha aconteceu, sim, algo inacreditável: nesse meio tempo, comecei a me sentir cada vez melhor! Completamente só comigo mesmo, senti-me amado, amparado, protegido. Foi como se a minha alma soubesse — *maravilha! aqui está acontecendo algo de bom! Que assim continue!* Desse modo, eu procurava propriamente o "ficar sozinho", ir passear no campo, e não desviava mais a minha atenção com conversas repetitivas para esmiuçar o assunto. A essa altura, consegui, de algum modo, viver a partir de mim mesmo, sem precisar de ninguém para "tapar o buraco" que eu tinha aberto, bocejando gostosamente quando estava sozinho.

Portanto, isso realmente acontece: um sentimento desagradável vivenciado se transforma no seu oposto. O amor vivenciado, segundo a visão espiritual, é o que há de mais próximo ao estado de ser puramente quem se é, estado esse de que toda a existência é feita. Ela, portanto, não precisa se transformar no oposto, porque é a origem do ser. Porém, surge, novamente, mais um oposto: uma vez um grande, outra vez, um pequeno "distanciar-se" da fonte interior para, na volta, poder percebê-la mais nitidamente. Exemplo: você vai se dar conta de que o ar é quente depois que alguns dias inteiros tiverem sido bastante frios.

Ainda por meio dessa transformação do sentimento desagradável, é possível, por exemplo, tornar-se um bom marido. De modo inesperado, eu encontrei, na pessoa da Bärbel, a mulher que queria ter filhos comigo! Opa! isso era novo! E, de uma hora para outra, também pude dizer o que esperava da relação e o que queria para mim, enquanto antigamente, com o medo da separação "pendurado no pescoço", eu estava completamente acostumado a "fazer tudo o que a companheira queria" para não ter de ficar sozinho. Pois é, com o amor é o tal negócio: se eu não amo a mim mesmo, não vou poder amar direito outra pessoa. Mesmo que muitos pensem que não é bem assim.

Em todo o caso, tenho certeza de que, com a vivência da separação, eu não vou precisar mais de separações assim, na minha vida, porque ela foi vivenciada até o fim, e dissipada. O meu "medo do medo" da separação foi embora e cedeu lugar a uma grande segurança em mim mesmo. Eu tenho plena consciência de que posso, realmente, vivenciar uma separação e pude experimentar os lados positivos disso; contudo, minha alma não tem mais nenhum motivo para me colocar, outra vez, em tais situações.

Esse é um ponto importante para todos os solteiros: quando nós dizemos "sim" para o "ser-solteiro" em vez de "não", dissipamos a resistência. Podemos dizer "sim" e usar esse tempo para investirmos em nós mesmos e podermos lidar com uma próxima relação, num patamar mais alto, no lugar de continuarmos vivendo os mesmos velhos padrões, como nos últimos relacionamentos. Dizer "não" ao "ser-solteiro", significa ficar atado a isso. Pois o *não* tem uma energia muito forte, ele nos atém ao que é rejeitado. Só a aceitação dissolve esse laço e abre caminho para novos relacionamentos de nível mais alto. Muitas pessoas sabem o que é isso, encontrar a pessoa certa exatamente quando elas já nem estavam mais procurando. Elas haviam "se liberado" e estavam satisfeitas por poder investir, exclusivamente, em si mesmas. E quando encontramos uma relação nesse estado de espírito, ela possui uma qualidade muitíssimo superior àquela que iniciamos por medo da solidão.

Resumo

Todo sentimento encerra seu oposto e um sentimento desagradável, vivenciado inteiramente, transforma-se, exatamente, no contrário.

O CORAÇÃO NO ENCONTRO COM O SENTIMENTO — SOBRE A CABALA JUDAICA

Como tantas coisas que nos parecem ser novas em folha, o conhecimento a respeito dos sentimentos e das sensações é tão antigo quanto a própria humanidade. O que há de novo se trata apenas do fato de que hoje o conhecimento é colocado à disposição da humanidade inteira. Mas só o conhecimento não basta, é preciso ainda energia que o faça viver. Em outras palavras, os pensamentos sobre uma nova meta é uma energia, mas eles precisam de uma energia de ativação, ou seja, do sentimento certo, para que o novo realmente possa surgir. Sentimentos são uma espécie de "sistema emocional de instruções de mísseis", e servem para nos mostrar se devemos nos direcionar agora para nossa meta ou recuar. A cada instante que temos um sentimento negativo, afastamo-nos de nossa meta, ao passo que, a cada instante que temos sentimentos positivos, aproximamo-nos dela.

Nossa tarefa mais importante no tocante à construção de nossa realidade ideal é, portanto, tomar providências para que tenhamos, predominantemente, sentimentos positivos. Quando conseguimos isso, a vida também consegue fazer com que as oportunidades certas cheguem até nós para alcançarmos o que *encomendamos*, sonhamos ou desejamos. E para se ter sentimentos percebidos no âmago do ser, primeiramente, temos de nos familiarizar com os antigos sentimentos armazenados nas células de memória e, passo a passo, ir conhecendo nossos mais profundos sentimentos.

Nós (Bärbel e Manfred) temos a impressão de que, nos próximos anos, ainda serão escritos muitos livros sobre sentimentos e que, também, muitos saberes antigos serão redescobertos. Pelo fato de que nós, enquanto sociedade, distanciamo-nos tanto dessas coisas, é claro que é demorada a viagem de volta para o sentir e para o perceber no âmago do ser.

O estudo dos sentimentos é algo que, há séculos, encontra-se nas codificações da Cabala, a sabedoria oculta, a vertente mística do judaísmo. A Cabala fala sobre o caminho do homem para atingir tudo aquilo de que ele é capaz. Antigamente, isso era um mistério e esse saber era reservado apenas a alguns privilegiados, pois só se admitia alguém como aprendiz, caso nele fosse observada alguma experiência de vida, via de regra, a partir dos quarenta anos de idade. Ora, uma boa notícia para todos, que, como nós, só têm permissão para entrada em *Ü30-Party*[13]: A idade também tem seu lado bom!

A Cabala é representada por dez diferentes qualidades, denominadas *sefirá* (*sephirot; séfira*) e cada uma delas representa o nível de evolução humana. De acordo com a evolução da pessoa, a mesma se dedica mais a essa ou àquela etapa, estuda as escrituras e se aprofunda no tema. A propósito, mais tarde, as vias associativas entre cada uma das *sefirás* passaram a ser reconhecidas nas 21 cartas altas do tarô, ou seja, os "arcanos maiores". Assim, as cartas de tarô utilizam esse mesmo saber antiquíssimo com uma "nova embalagem". Dependendo do nível de evolução atingido, o ser humano vivencia suas etapas no brilho da luz ou na completa escuridão. Pois as *sefirás* também são polarizadas, feitas de opostos. A título de exemplo, a oitava *sefirá* é representada por esplendor e/ou dor, de acordo com o nível de evolução da pessoa. Para a observação do coração

---

13 N. T.: Na Alemanha, nome dado às festas organizadas apenas para "maiores de trinta anos".

aberto às sensações, a sexta *sefirá*, chamada *tipheret,* é fundamental, pois encerra iluminadas qualidades, beleza e compaixão. Ela está vinculada ao amor e à aceitação. Como seu oposto, como lado sombrio, encontramos aqui o julgamento, a crítica, a mania de perfeição e todas as facetas que possam ser associadas ao ego humano. O amor que vai amadurecendo se assemelha a um domador, que sabe domesticar um animal ostensivamente selvagem.

No caminho do homem, por meio das diferentes etapas da Cabala rumo à sabedoria, o passo da abertura do coração na sexta *sefirá* é decisivo para a próxima marcha, para o progresso do homem. As etapas e dádivas da próxima *sefirá*, fecham-se para aquele que não consegue abrir seu coração e não aprende a sentir no âmago do ser. A sétima etapa corresponde à intuição e à clarividência; a oitava ao poder (dos pensamentos, da força criativa e também do desejo); e a nona, à sabedoria e à integridade em forma de ligação com todos os seres humanos, isto é, o ser uno com o Todo. A sexta *sefirá* é a "porta para o coração". Quem atravessa essa porta se abre para a beleza deste mundo e desenvolve verdadeiras intuição e compaixão. Por esse motivo se fala com tanta frequência na Cabala, a respeito do "céu" que se atinge...

Além disso, todos os números da numerologia, como também todos os signos da astrologia retratam esses polos contrários como na sexta *sefirá*: De acordo com seu estado evolucional, a pessoa vivencia um número ou um signo, numa determinada proporção, em plena luz e, num determinado grau, em plena sombra. Nesse contexto, crescimento significa acolher, mais e mais, o lado sombrio de um número ou de um signo, de modo que os lados positivos possam vir a ser muito mais integrados à vida.

Resumo e Exemplo

O que antigamente era conhecimento secreto, hoje em dia, encontra-se acessível a todos: porque, em outras palavras, a razão existe para se tomar decisões e o sentimento atua como "navegador".

Sentimentos de bem-estar que vêm do coração indicam que estou no caminho certo; dúvidas silenciosas não sinalizam nenhum desvio; grandes dúvidas ruidosas, medo e preocupações são um indício de que estou caminhando na direção exatamente contrária à minha meta.

Exemplo: Manfred e eu estávamos procurando por nosso portão de embarque em um aeroporto estrangeiro. De repente, Manfred sumiu e tanto as passagens quanto as bagagens estavam com ele. Eu não o via em lugar nenhum. Era só isso que me faltava! E já estava estressada. Mais um contratempo e entraria em pânico. Até que me lembrei de que o sentimento de estresse, provavelmente, foi que primeiro gerou o problema e, por isso, já era hora de voltar para o meu centro, respirar fundo e retornar ao sentimento de segurança.

Claro que isso não é tão fácil num momento como esse. Mas eu simplesmente continuei em pé, respirava fundo, fechava os olhos por um instante, lembrava-me de algum momento de confiança na minha vida e procurava observar o sentimento em meu corpo: "Como é mesmo que me sinto quando me encontro em pleno sentimento de confiança? Como? Ah, sim, mais ou menos assim". E com os pensamentos: "Se sentindo confiança, eu não conseguir achá-lo a tempo, sem confiança é que não vou mesmo conseguir...". Vi-o assim que voltei a abrir os olhos; ele estava lá procurando por mim. E ainda conseguimos embarcar no vôo. Houve um atraso e até tivemos de esperar.

DA PERDA DO "SENTIR NO ÂMAGO DO SER"

Voltemos ao tema *empfinden* (sentir no âmago do ser) para, quem sabe, conseguirmos resgatá-lo. Mas comecemos, então, do início: Compreende-se que há consequências, caso nós — como tão frequentemente acontece em nossa vida — estivermos totalmente apartados desse "sentir no âmago do ser". Não sentimos a nós mesmos, de algum modo apenas fugimos de nós mesmos. Transpondo para a vida cotidiana, isso é demonstrado de diversas maneiras. A "redoma afetiva" com a qual a concordância entre o meio em que se vive e o sentimento é controlada, pode se evidenciar, por exemplo, no torcedor que vibra fervorosamente por seu time de futebol, na quase simbiose entre filho e progenitor ou entre marido e mulher, no desmedido interesse pela vida de artistas ou ídolos, no desespero pelas dores do mundo por causa das inúmeras notícias negativas e catástrofes etc. A lista é interminável. As notícias e manchetes, sem exceção, são manchadas de negativismo, os tabloides e a imprensa nos submetem a uma torrente de impressões cada vez mais constante e a grande procura por essas mídias (também e especialmente pelo crescimento da internet) **mostra a ordem de grandeza em que fomos nos afastando do "sentir no âmago do ser" e, no lugar disso, por motivos de compensação, temos de recorrer a sentimentos alheios**. Talvez o medo originário — aquele que surge quando se percebe que se está apartado da fonte interior, com a resultante compulsão por sentimentos alheios e, sobretudo, uma espécie de dependência de impressões — seja a causa principal dos vícios em geral.

No meu caso, também há uma extensa lista de

possibilidades que eu utilizo para me apartar do "sentir no âmago do ser": televisão, internet, videogames, DVD, leituras, compromissos agendados, não ser sozinha, alimentar-me mal, não cuidar do corpo, ficar matutando sobre o passado, reclamar e me queixar, ter prazer com o negativismo. Na minha opinião, televisão e videogames, melhor dizendo, absolutamente todas as formas de comportamento que eu não consigo controlar, são, no fundo, "vícios" que me fazem reduzir minha energia a pó, sem a colocar no lugar onde ela me seria útil: no *agora*.

Procurando lugares que favoreçam o sentimento sutil

Em 2006 fomos assistir ao musical "African Footstep", no *Deutsches Theater*, em Munique. O espetáculo foi muito bem feito e eu (Bärbel) gostei muito, tanto do ritmo quanto da letra. Pelo menos *uma parte de mim* gostou muito. Infelizmente, o volume, como sempre, deve ter sido ajustado, provavelmente, para "quem faz demasiado uso do celular e ferveu o nervo auditivo ou então para surdo-parciais". Eu tive de fazer bolinhas de lenço de papel para tapar meus ouvidos, porque eles começaram a doer muito. Com os ouvidos tapados, eu ficaria bem. Achei que sim.

Comecei a pensar um pouco diferente, depois que, algumas semanas mais tarde, por ocasião das férias, estive na *Arena di Verona,* para assistir à ópera *Madame Butterfly,* de Puccini. A diferença é absolutamente brutal. A *Arena di Verona* é — para informação de quem não é fã de programas culturais — aquele imenso anfiteatro romano, parecido com o Coliseu de Roma, que comporta até 1.500 expectadores, no centro de Verona, na Itália. "Aida" de Verdi é a ópera que consta mais vezes no programa, embora também sejam apresentadas muitas outras óperas conhecidas. Na *Arena*, a acústica é perfeita, tanto que, até hoje, eles ainda abrem mão inteiramente do uso de alto-falantes durante as apresentações. Ah, esse é **o** som!

    Antes de o espetáculo começar, pede-se para que os expectadores não façam barulho, por exemplo, com papel de bala, para que fiquem quietos, pois qualquer ruído atrapalha o desfrute da música. E atrapalha mesmo. Já que não há suporte tecnológico, nem para a orquestra nem para os cantores, qualquer outro barulho incomoda realmente. É fascinante observar o que essa quietude ocasiona — 1.500 pessoas que se tiverem mesmo de se movimentar, esforçam-se para fazê-lo silenciosamente; não ficam sussurrando nem farfalhando papel. Eu senti como se cada célula do meu corpo se abrisse inteiramente, de modo que eu, praticamente, pudesse penetrar, espiar a quietude da *Arena* (nós estávamos sentados bem longe do palco, nos lugares mais baratos, na parte de cima, porque isso é muito mais *cult* do que sentar na fileira de poltronas) e absorver todos os sons dentro de mim. Com o ar ameno do verão e o céu estrelado, esse foi um sentimento totalmente meditativo e belíssimo. E, em algum momento, em completo contraste, lembrei-me do episódio do *Deutsches Theater*.

    Naquele dia, com bolinhas de lenço de papel tapando meus ouvidos, eu não senti exatamente dor, as células do corpo é que não estavam inteiramente abertas ou sugaram a música para dentro de si, como na *Arena*, porém — e eu só fui me dar conta disso em agosto, na Itália — todas elas estavam sob tensão e em estado de alerta. No espetáculo "African Footstep", a música era tão alta (e ela não estava mais alta do que estaria em qualquer musical), que meu corpo todo estremeceu e vibrou na mesma frequência. E ele não gostou disso. Ao fim da apresentação, deixei o local alegre pelas bonitas melodias, ao mesmo tempo que completamente exausta. O volume alto demais foi um estresse para o corpo inteiro.

Depois da *Arena di Verona*, senti-me como se tivesse acabado de sair de um *tratamento* relaxante, energeticamente revigorante e altamente espiritual. E tive a impressão de que, num ambiente como esse, ainda há espaço para "encontrar dentro de si mesmo", ao contrário de um teatro comum, extremamente barulhento.

O "sentir no âmago do ser" desperta, exatamente ali, onde o sentimento puramente compensatório se entedia: na simplicidade, na singeleza, na quietude, na calma, no silêncio, na lentidão. Em todas essas qualidades há espaço para que eu possa me encontrar dentro de mim mesma, para que eu possa espiar minhas sensações e não deixar que elas sejam abafadas por estímulos estridentes. E é exatamente isso que eu mesma gosto de fazer para, dentro de mim, abrir espaço para o "sentir no âmago do ser": Num mundo barulhento, procurar por coisas tranquilas para que eu abra espaços interiores em mim, onde eu possa — livre e desimpedidamente — sentir e "encontrar dentro de mim mesma". É exatamente aqui, *nesse lugar*, que a força flui para mim: no silêncio, no sentimento sutil e nos momentos em que eu posso, com toda a confiança, abrir-me tanto, de modo que eu mesma seja capaz de me deter, face às mais finas percepções e delas desfrutar.

Isso me leva ao tema *sexualidade.* Uma sexualidade, na qual momentos de silêncio e sutileza sejam possíveis, naturalmente que se trata de algo igualmente revigorante. Até mesmo "um quê" de efeito curativo e liberador de força criativa isso tem. Bem, nós pretendíamos escrever um capítulo a esse respeito. Eu (Bärbel), como boa moça, até comecei a fazer isso. Mas de alguma maneira, a coisa se inflamou, foi cada vez mais aumentando de tamanho e, quando Manfred começou a fazer palestras sobre o tema, em seu grupo masculino, quando lá começou a se debater a respeito, a quantidade de informações deu um salto. Até que enfim, acionamos a embreagem no tema *sexo* e, então, fizemos um livro só sobre esse assunto, intitulado *Sex wie auf wolke 7* (Sexo Como no Sétimo Céu). No fim de tudo, o livro sobre sexo acabou sendo publicado no nosso país, três meses antes deste.

No que concerne ao sentimento sutil que, sem dúvida alguma, todos nós possuímos, mesmo quando, na maioria das vezes, o menosprezamos, eu ainda gostaria de dar mais dois exemplos. *Natural* ou de *aroma idêntico ao natural*, a vibração desses dois tipos de óleo essencial é completamente diferente. Pelo cheiro se reconhece a diferença entre eles e nosso corpo reage de modo igualmente diferente. *Idêntico ao natural* é outra palavra para *artificial* e *produzido em laboratório*. Até mesmo os leigos percebem a diferença ao experimentarem um óleo 100% natural e outro 100% idêntico ao natural. Com os óleos naturais, o corpo se alegra, muito mais intensamente, pelo prazer de cheirar. Da mesma maneira que na *Arena di Verona*, há uma tendência de que as células corporais se abram inteiramente e que queiram armazenar o aroma em si. Um aroma natural também desencadeia, no corpo emocional, múltiplas reações e imagens internas. Já com os aromas artificiais, a percepção é demasiadamente superficial e o nariz fica "desapontado" — ele não encontra "o" que procura.

O segundo exemplo se origina dos seminários *CQM — Chinesische Quantum Methode* (Método Quântico Chinês). Ali se esclarece, entre outros assuntos, que nós sentimos e percebemos muito mais coisas do que normalmente nos damos conta. Um exercício que demonstra isso é o "Stop-and-Go". O exercício é feito em dupla. Um participante se senta numa cadeira e diz bem alto "Stop" ou "Go" e o outro anda ou continua parado. Num outro momento, aquele que está sentado na cadeira já não diz mais nada, apenas pensa nos comandos e o outro tem a tarefa de sentir que comandos são esses e continuar reagindo a eles. Quanto melhor for o sentimento básico de bem-estar no grupo, quanto mais ligados e mais alegremente motivados todos estiverem se sentindo, muito melhor funciona o exercício, além de ser uma experiência relaxante. Todos nós somos capazes de sentir "o que está no ar", mas temos de, respectivamente, "olhar para dentro" e "sentir para dentro", senão, deixamos de ver — ou "deixamos de sentir" isso.

Bem, e seu eu mesma já não me sinto, se estou alienada da minha percepção fina, como posso ser autêntica? Segundo a lei da ressonância, se não sou autêntica, como posso atrair para minha vida o que condiz comigo, as pessoas que combinam comigo? Como posso querer contar com meu sentimento sutil como sendo minha "navegação pela vida" rumo à realização dos desejos do meu coração, se não exercito a percepção desses sentimentos? Quem conhece seus sentimentos de perto, conhece a si mesmo de perto. Quem é capaz de sentir a si mesmo e é autêntico, atrai para sua vida tudo o que realmente lhe cabe.

Resumo

Quem exercita a percepção fina, exercita o navegador de felicidade. Siga seus mais íntimos e sutis sentimentos de bem-estar e você encontrará o maior potencial da sua vida!

Resolvendo sentimentos reprimidos

A partir do momento que um sentimento é vivenciado e sentido no âmago do ser, por si mesmo ele, em primeiro lugar, dissipa-se e posteriormente se transforma em seu oposto. Essa é a magia dos sentimentos! E por mais espantoso que isso seja, seria muito mais estranho se o sentimento, nesse meio tempo, ainda tivesse de perguntar à razão: "Ei, como é pode acontecer transformação aqui?". No que se refere à vivenciar e sentir no âmago do ser, a questão é "mandar a razão ir dormir". E ouvir o coração com atenção. Então, bem longe da razão, uma espécie de "piloto-automático" entra em ação, um automatismo, que dissipa e transforma o sentimento. Também se poderia dizer simplesmente que: o sentimento percebido no âmago do ser conhece seu próprio caminho!

Assim, sentimentos "negativos" detêm em si a direção para a transformação em seu oposto, que se faz notar, quando esses sentimentos são percebidos no âmago do ser. Ainda há outra boa notícia: sempre existe um jeito de liberá-los! Por esse motivo, na minha opinião, sentimentos são vetores, como na Física: um sentimento tem uma força (quem não sabe!) e uma direção. Dessa forma é possível entrar em contato com sentimentos e, numa tonalidade de ânimo tranquila e atenta, por exemplo, lançar as perguntas: *O que exatamente estou sentindo? Como me sinto? O que estou precisando? De que você precisa, minha dor?*. Um sentimento físico será gerado, um impulso, uma ideia, que não significa nada a não ser que ele dê uma pista, ou seja, indique uma direção no sentido de trabalhar em si mesmo e se superar, como por exemplo, a dor.

Como isso se dá na prática, como localizamos os

antigos sentimentos armazenados nas células que, um dia, foram reprimidos? Suponhamos que você seja muito aplicado no que se refere à primeira parte deste livro e que também já tenha se dado conta de que, passo a passo, gradualmente, trazer à tona seu sentimento básico é muito mais fácil do que se pensa. Contudo, em determinadas situações, quase sempre emergem, lá do fundo, típicos sentimentos antigos, que irritam e perturbam enormemente seus "exercícios de iluminação espiritual". Claro, estes são os velhos referenciais que se armazenaram nas células da memória, que querem se fazer notar, pois também adorariam abandonar novamente a cela de sua prisão celular e ganhar liberdade. E para que você, de uma vez por todas, perceba que ainda se encontram ali, de algum modo, eles têm de se fazer notar. Sentimentos que um dia sobrecarregaram-nos são armazenados nas células de memória até que nós os libertemos.

Mas, onde está a chave da cela da prisão? É muito simples. Olhe uma só vez, bem dentro dos olhos do sentimento encarcerado, que ele desaparece. Aí está a chave!

Você pode experimentar esse exercício com qualquer sentimento negativo arbitrário, assim que ele acabar de aparecer. *Pois é, você estava de muito bom humor, mas aí há alguma coisa latente...* Não importando que tenha como base antigos referenciais ou que se trate de um sentimento negativo inteiramente novo, **não siga o primeiro impulso de ignorar ou mascarar e sim encare-o**: *"Ah, o peguei! E quem é você, afinal? Com quais pensamentos o provoquei agora? Quem é você exatamente? Em que parte do corpo posso senti-lo melhor, que reações você causa em mim?".* Olhe diretamente, como tem de ser mesmo, e não deixe que nada lhe escape. Numa situação assim, o que acontece ao sentimento que, na verdade, assemelha-se mais a um ladrão de energia? O pequeno larápio fica aterrorizado porque foi "pego em flagrante" e logo abaixa a cabeça: "Eu nunca existi, só parecia que eu existia...", sussurra ofegante e, com saltos para trás, sai de cena, abandona o seu *sistema*.

Isso também funciona bem contra a dor de amor: senti-la inteira e profundamente. Breve, lá do fundo profundo, provavelmente vai aparecer, quem sabe, até mesmo um sorriso, e o caso pode ser dado como encerrado — para sempre.

Algo muito similar acontece com o sentimento de rejeição. Minha irmã acaba de me dizer agora, ao telefone, um provérbio em inglês (ela vive na Austrália): "Os gansos voam em bando, mas a águia voa sozinha". Nós chegamos a ele porque falávamos a respeito de alunos que na escola são totalmente *in* (altamente considerados no bando de gansos), mas que, mais tarde, frequentemente se observa que não conseguem ser tão bem-sucedidos na vida (com águias, eles não podem mesmo se juntar). Face às limitações sociais, a pessoa que não se modifica, sente-se como um ganso rejeitado, que não é aceito pelo bando. Modificada, a pessoa se sente, de acordo com esse sentimento, como uma águia que, com prazer, voa em círculos, em estilo próprio, e procura seus amigos dentre outras águias. E em relação aos gansos, bem, há que sermos benevolentes, visto que não é mesmo de se esperar que inteligências inferiores se adaptem às superiores. Portanto, o fato de não pertencer ao bando de gansos não deve ser encarado como um problema. O sentimento se inverte completamente.

Procure fazer isso. Assim que você tenta reprimir um sentimento, ele se torna grande e poderoso. Por uma só vez, deixe que ele se dê totalmente. Sinta e considere todos os lados do sentimento e ele vai escorrer pelos seus dedos, tão rapidamente, até desaparecer.

Resumo

Quando reprimo os meus medos, eles ficam armazenados em minhas células de memória até que eu os libere.

Medos armazenados querem ser liberados, por esse motivo, criam mais situações amedrontadoras ainda. Com isso, eles tentam chamar à atenção para o seu "aprisionamento".

Eles foram liberados e abandonaram a memória celular, portanto, param de criar situações reais. Se não estão presentes, não podem criar nada. Há espaço para sentimentos novos, que você pode armazenar, conscientemente.

Confiança em vez de medo: de repente, virão, ao seu encontro, muito mais pessoas e situações nas quais você confia, do que aquelas que lhe causam medo.

Exercício do álbum de fotografia — Sentindo esgotar completamente os sentimentos antigos

Naturalmente isso requer muita prática, não correr dos sentimentos negativos nem dos antigos referenciais dolorosos que aparecem e sim enfrentá-los e encará-los. Quando se consegue isso, nada mais é capaz de assustar. Nenhuma tristeza é insondável ou vem a se transformar em depressão, após a elaboração natural do período de luto. Quando o luto é elaborado até o fim, o que sobra é só amor, e não depressão.

Exercitar é aconselhável, pois, afinal de contas, reprimir é uma coisa que já treinamos, amplamente, e por tempo demais. O grotesco da situação é que justamente o que mais reprimimos trata da nossa ligação com nossa própria divindade, com a força elementar que nos habita. Em pânico, "fechamos a porta na cara" dos *entregadores universais*, por preocupação de nos tornarmos vulneráveis demais, caso voltássemos a abrir esse mundo para nós. Como tantas vezes, o contrário é o que acontece. Quem volta a "sentir no âmago do ser" retira da dor a característica "insondável" e reencontra a si mesmo, na Unidade do Todo. Mas como exercitar isso?

Comece a folhear um álbum de fotografias e vá procurando perceber bloqueios ou melancolia na expressão facial de seus antepassados. Em pensamentos, desça até o mais íntimo de si: "Não é de se estranhar que eu não esteja bem, se até mesmo meus antepassados também não iam nada bem", mas há o perigo de que o ego "faça o exercício" e venha novamente se deleitar ao chafurdar em autopiedade. Todavia, vamos empenhar nossos esforços em outra coisa: até hoje você basicamente se confrontou, ainda muito pouco, com seus sentimentos e foi educado para, a qualquer preço, agir de forma exageradamente alegre diante de qualquer problema. Portanto, pode ser bastante terapêutico permitir, uma vez, o completo contrário disso. Lembre-se: um sentimento negativo é liberado até que você o tenha esgotado, sentido até o fim. Tanto no seu álbum de fotografias, quanto no dos seus antepassados, há, portanto, toda sorte de oportunidades de primeira qualidade, para que você possa imergir, emocionalmente, em todos os dramas familiares e "senti-los até o fim".

MAS: Como já foi dito, é importante que não se faça disso um *show do ego*, em termos de autopiedade e arrependimento. Tenha sempre em mente que a razão do exercício é a transformação em direção à luz.

Como você pode contribuir com o exercício?

• Acendendo um difusor de essências com aromas purificadores.
• Colocando uma música de fundo harmoniosa, que seja tranquila e relaxante.
• Usando luz indireta ou acendendo velas.
• Garantindo que não será incomodado (telefone, filhos...).
• E caso tenha algum objeto de sorte, uma imagem de Buda ou qualquer outro símbolo de unidade, pureza, seres protetores, anjos etc., coloque todos ao seu redor.

Isso fica parecendo mesmo terrivelmente esotérico e cafona, mas, pelo menos deixa indubitavelmente claro para o ego que, pelo fato de estar folheando os álbuns, não significa que ficará "remexendo a sopa psicológica" regada a muita autopurificação e incenso. Está simplesmente claro que a sua intenção é transformar alguma coisa. Se você tiver a sensação de que o melhor para o sentimento de transformação seria sair dessa confusão toda e ir para o meio do mato, não deixe que nada o impeça. Coloque os álbuns na mochila e vá em frente: saia, às quatro da manhã, natureza adentro!

Bem, então você se senta no meio de um círculo de velas, na natureza, ao ar livre ou em qualquer outro lugar, e começa a olhar as primeiras fotos de seus antepassados.

Exercício 1

Para que os antigos sentimentos sejam esgotados, sentidos, até o fim, por intermédio de velhos álbuns de fotografias (antepassados e infância):

Observe cada sentimento negativo descoberto, a forma como ele corre pelo seu corpo ou onde você consegue percebê-lo mais intensamente. Continue observando e, em pensamento, fale com o sentimento: "Olá, sentimento, como vai você? O que você precisa? O que eu poderia fazer por você? Como você se sente, sentimento?, ou então, "Caro sentimento, eu gostaria de senti-lo o mais intensamente possível. Como eu poderia reforçá-lo mais ainda?". Pelo fato de você fazer perguntas como observador, não há chances de o ego vir a se identificar totalmente com o sentimento. Ele simplesmente libera o sentimento. E quando um sentimento é esgotado, realmente sentido até o fim, aparece o seu oposto, isto é, depois da tragédia, vem a alegria; depois da tristeza, um sorriso interior etc.

Já contei em algum livro que, na minha juventude, após o rompimento de um namoro, decidi que não ficaria afundada naquela tristeza, eternamente, mas resolveria aquilo tudo de uma vez só. Por três dias cancelei todos os meus compromissos e encontros marcados, fechei as cortinas das janelas, cerquei-me de montanhas de lenços de papel e, assim, choraria por três dias, o trágico acontecimento da separação. Tudo começou muito bem, sentia-me muito trágica e triste. E, muito conscientemente, concentrei-me para vivenciar esse sentimento, em toda sua profundidade e amplitude. Eu quis descer até o mais profundo vale daquela tristeza para, em cada canto do meu ser, realmente poder senti-la, completamente, até o fim.

E o que aconteceu? Depois de apenas quinze minutos, tive um inacreditável ataque de riso. Ria e ria de mim mesma e também do fato de estar, a cortinas fechadas, dentro do meu pequeno apartamento. O ataque de riso durou bastante tempo. Depois disso, fiquei esperando pelo próximo empurrão de tristeza. Eu não queria mesmo perder nada. Mas ele não veio. Eu procurava e investigava, olhava para dentro de mim e tudo o que conseguia, todas às vezes, era recomeçar a rir. Não encontrei mais nada. Dei o caso por encerrado e nunca mais tive de sofrer novamente por aquele relacionamento que, na época, tinha sido tão maravilhosamente mágico e romântico e que tinha tanto a oferecer. Isso foi há quase vinte anos. Eu realmente o superei — em quinze minutos. Pena que, depois disso, eu tenha esquecido essa técnica notável, por tantos anos. Mas esse é outro tema.

Exercício 2

Quanto a antigos álbuns de fotografia:
Supondo que o exercício tenha funcionado bem, você agora sabe que, "por trás das nuvens, o céu é sempre azul", isto é, a alegria natural e o sentimento de ser uno com a vida e com a força elementar tomaram conta de você, depois que um sentimento negativo foi esgotado, sentido até o fim.

Olhe mais uma vez para cada foto que, anteriormente, tenha gerado um sentimento negativo. Agora diga alguma coisa à pessoa que está na foto. Não importa no momento se é a foto de um antepassado ou sua, em qualquer idade:

"Querida/o XY. Você também é parte da divina universal força elementar universal e tem uma alegria infinita dentro de si. Em meu coração, o/a vejo sorrindo e inteiramente ligado/a à força elementar. Que, no amor, a paz esteja com você." Quanto mais intensamente você puder sentir isso, quanto mais você puder se sentir tocado pela alegria por causa disso, melhor será para vocês dois. Caso algum dia reveja essa pessoa, você nunca mais reforçará os sentimentos negativos. Lembre-se dos neurônios-espelho, normalmente é isso que fazemos: nós vemos uma pessoa que pensamos ser trágica e devolvemos a ela exatamente essa vibração de pensamento. Não é de se estranhar que a pessoa não consiga mais ser alegre. Contudo, quanto mais você praticar este exercício em relação a alguém, serão cada vez mais puras e construtivas as vibrações de pensamento que, a partir de agora, você passa a enviar à pessoa.

Em consequência disso, ao mesmo tempo, você está em ótimo estado de ânimo. E, na próxima vez em que olhar para a foto trágica, ela nunca mais vai arrastá-lo para o pântano dos sentimentos, em vez disso, a lembrança do belo ritual "que no amor, a paz esteja contigo" tomará conta de você e fará com que se sinta bem e que possa se alegrar — por si mesmo e pelos outros.

Estes exercícios dos álbuns de fotografias deram origem ao nosso **Exercício do "rolo de grama" para aprender a sentir**:

Rolo de grama é algo que, em primeiro lugar, exige que se arranque a grama velha, antes que ele seja colocado no lugar. Pelo fato deste exercício "arrancar a grama" e trazer os velhos sentimentos negativos para fora das células de memória, nós o denominamos "Exercício do rolo de grama".

Todos nós sabemos como é: se deixarmos os ombros

penderem e fecharmos nosso coração, todo sentimento negativo será muito pior, inclusive, existencialmente, e isso pode até mesmo representar perigo. Puxar os ombros para trás, estufar o peito e abrir o coração, retira a ameaça do sentimento e ele pode "fluir".

Reserve alguns momentos do seu dia, durante um mês, para "exercitar o sentir". Observe a si mesmo durante esse período e seja cuidadoso e brando no que concerne a todas as coisas que faz e que sente. Observe seus sentimentos! Com decisão, lance a pergunta a todos os sentimentos que aparecerem: "Olá, sentimento, quem é você? Como vai você? Nesse momento, eu lhe permito que seja inteiro, estou pronto para acolher e sentir você, com todas as suas facetas. Eu o recebo inteiramente". Do momento que você assume o posto de observador, você retira do ego a possibilidade de ele se identificar com o sentimento. A sua divina essência originária universal pode chegar à superfície novamente e as sensações de seu coração, a celebração interior da criação, vai se tornar mais intensa.

Por meio desse exercício, você se retira, automaticamente, de sentimentos que aparecem e de antigos bloqueios. Os sentimentos automáticos só se manifestam às escondidas, caso você também os deixe às escondidas. À luz da consciência vigilante, eles mudam de figura imediatamente.

Dois exemplos de sentimentos que você pode encontrar ao realizar esse exercício: no caso de **sentimento de culpa**, pense simplesmente assim: "Ok, eu sou o culpado de tudo. E daí?". Você vai ver, o incrível acontece, pois esta frase libera os sentimentos de culpa! Um sentimento de culpa só persiste, caso você o rejeite. Se você o aceita, você aceita a si mesmo. E se aceitamos a nós mesmos, não podemos mais nos sentir culpados.

Uma dica: desejar sentimentos de felicidade para todas as pessoas intensifica os seus próprios.

Também as **carências afetivas são liberadas**, quando você as sente inteiramente. Mas você ainda pode usar um truque: fique agradecido pela carência. Faça simplesmente como se carência fosse um motivo de gratidão, e agradeça intensamente. Isso é muito engraçado, deixa o sentimento totalmente perturbado: "Hã, o que está acontecendo aqui? Eu devo ter cometido algum erro". Então, ele libera o sentimento de carência, pois era apenas um equívoco. E, assim, no nível profundo dos sentimentos, você reforça as energias da gratidão e da alegria e, com isso, libera o apego e a fixação nas carências. "Somente quando você souber amar todas as coisas assim como elas são, poderá modificar tudo", disse o mestre espiritual indiano, Swami Kaleshwar durante uma palestra que assisti há alguns anos.

Tomando isso por base, você pode experimentar fazer o mesmo com todos os outros sentimentos. Esteja aberto para receber aquilo que quer se manifestar, pois, para cada pessoa, o caminho da cura e as imagens interiores que se formam para este propósito é um pouco diferente.

Resumo

Sentimentos negativos sempre carregam em si a sua própria dissolução. Quando são inteiramente acolhidos, são convertidos em seu oposto positivo, que corresponde ao verdadeiro estado originário da alma, para além da dualidade.

Nem sempre é preciso saber a causa... mas isso pode encurtar o caminho para a liberdade!

Há vários padrões de crenças individuais, coletivas e sociais aos quais ainda estamos apegados e que nos limitam. Se quisermos descobrir cada um, antes que "salvemos por cima", em razão de algo que vale mais a pena, teremos muito trabalho pela frente. Mas nem sempre isso é necessário. Muitas pessoas que trabalham com sentimentos, consideram que é até mesmo completamente desnecessário saber onde está a causa.

• Energia resulta da atenção, então por que dirigir a atenção para coisas que eu não gostaria de ter? Prefiro direcioná-la para o que eu gostaria de ter.

• Para "formatar" o HD do meu computador e depois "salvar" coisas novas nele, eu só preciso saber como se faz para formatar e o que deve ser considerado como "novo" que eu gostaria de ter armazenado dentro dele. Não preciso saber o que estava dentro dele antes. Com o nosso inconsciente é a mesmíssima coisa.

"Formatar" funciona melhor dentro de uma postura de confiança quase infantil, com muito sentimento e coração aberto, e ainda, com a ideia de que meu inconsciente é puro como uma folha de papel em branco. Sobre ela, será automaticamente reescrito tudo o que eu, ritualisticamente, repito muitas vezes. Se eu, ao fechar dez vezes a porta da minha casa, fizer isso totalmente consciente do meu prazer e do meu amor pela chave, pela fechadura e pela casa, esse sentimento me ocorre rapidamente, a partir do momento em que me aproximo de minha residência. Ele se torna um padrão.

• Para "instalar" novos hábitos, preciso de energia e de sentimentos bons, a fim de vencer a indolência (o velho hábito) tantas vezes quantas sejam necessárias, até que o novo comportamento se transforme num novo padrão.

• No livro *Bestellungen beim Universum* (Encomendas ao Universo), mencionei a técnica "Assuma um compromisso mais forte consigo mesmo". Ela nos permite perceber até mesmo nossos menores desejos e necessidades no momento. E pela vivência e estruturação consciente do presente, totalmente livre de pensamentos sobre o passado e sobre o futuro, os antigos padrões começam a desaparecer. Aqui se trata de produzir conscientemente sentimentos positivos para nos dedicarmos às coisas que gostaríamos de alcançar.

Isso tudo é ótimo, funciona maravilhosamente bem e não há nada que se possa reclamar. *Mas esse não é o único caminho que leva à Roma*. Neste livro, gostaríamos de incluir o caminho suave da atualização dos velhos sentimentos, ainda que, para nós, seja muito importante que esse "atualizar" não venha a se tornar uma compulsão ou uma estratégia de prevenção, somente para não se ter de começar a multiplicar, conscientemente, os sentimentos positivos! Caso você, anos a fio, tenha passado por dez, vinte ou mais terapeutas e um sem-número de técnicas psicoterápicas, certamente já é a hora de parar para pensar, o que poderia haver de tão bom em ficar revolvendo o passado e por que você não toma a atitude de finalmente ir viver algo novo!

Observemos alguns métodos por meio dos quais podemos reconhecer o que é passado e liberá-lo:

• Prestar atenção em seu sentimento, em plena consciência do aqui e agora, é, portanto, a primeira maneira de se "salvar por cima" do que é passado. E esta também é uma técnica que você pode empregar sempre, porque você simplesmente reage honestamente para consigo mesmo, face ao que aparece no momento. O segredo é que, no exato momento, eu abandono o automatismo, à medida que começo a observá-lo com consciência: "Ah, veja só, agora estou me sentindo inferior só porque esta ou aquela pessoa me disse isso e aquilo...". Uma parte do sentimento começa a ser liberada porque eu a percebi e a reconheci. É como se o sentimento de inferioridade tivesse retornado à sua memória celular e não fosse nunca mais ver a luz do Sol. No subconsciente, o efeito é continuar escurecendo e, lá do fundo, vem o pedido por liberação. Reprimir sentimentos desagradáveis mantém esse estado de "continuar na escuridão" e "continuar detido". Olhar diretamente é o mesmo que acender a luz. Olhar e sentir diretamente é o mesmo que abrir a porta da cela e, gradualmente, ir libertando o que está aprisionado. O que é ameaçador, porque é desconhecido, dissipa-se.

  Se em determinadas situações, eu entro em pânico e, sem o mínimo de bom senso, simplesmente saio correndo porque não consigo suportar o sentimento, isso não muda nada. Se eu o encaro: "Ah, aí está você de novo. O que está, na verdade, acontecendo dentro de mim? Como exatamente me sinto agora? Que sentimento é este? Em que lugar do corpo ele está? Como reconheço este sentimento específico?", então, já dei início ao processo de liberação e o padrão foi "quebrado". Eu me lembrei da minha verdadeira natureza e, por meio dela, observei esses padrões no subconsciente. Terminei a identificação com meu ego e me voltei para a perspectiva de minha alma imortal e, nela, não há referenciais infantis armazenados nem qualquer outra coisa. A alma é livre de todas essas limitações. E, do momento que me conecto internamente com essa alma, com essa essência do ser que me habita, eu me torno tão livre quanto a própria alma que, com toda naturalidade, sempre foi assim.

Há sistemas de crenças limitantes que nós assimilamos da coletividade, sem termos a menor noção da grande maioria deles. *Psych-K* é uma técnica que vem dos Estados Unidos que, por meio de longas listas de sistemas de crenças desfavoráveis, filtra exatamente as que nos enfraquecem e, com uma técnica simples (criar comunicação equilibrada entre os hemisférios cerebrais para redução de resistência a mudanças), promove um estado receptivo ideal para reprogramação da mente com novos sistemas de crenças positivos que nos fortalecem.

Também a HNC (Human Neuro Cybrainetics, www.cybrainetics.de) é um método de tratamento mais voltado para o corpo, onde o efeito dos sistemas de crenças sobre o Sistema Nervoso pode ser testado e modificado.

Naturalmente também existem sistemas de crenças "muito especiais" que diminuem ou renegam o seu *self-espiritual*, o âmago da sua natureza e o obrigam a acreditar num mundo puramente material, no qual, é claro, sua alma não acredita. Se você tomou para si esse tipo de sistema de crenças, ele o leva a constantes conflitos existenciais internos. O âmago da sua natureza se considera como "ser espiritual", que passa por uma experiência humana. Mas o mundo "lhe acena com a bandeira", dizendo que é o contrário e que a consciência deriva de uma determinada complexidade de matéria.

Só por você chegar precisamente ao íntimo desses determinados sistemas e observar seu sentimento, já é capaz de tornar claro se algum deles se aplica a você. Possivelmente você terá, em relação a este ou aquele sistema, um sentimento de: "É exatamente isso, e isso explica por que eu sempre demonstro este ou aquele comportamento irracional. Agora estou começando a me entender melhor...". Ou você sente que é como se seu coração se abrisse ou se sua alma respirasse fundo. "É exatamente isso. Quer dizer, então, que pode ser que eu não tenha mesmo de acreditar naquilo?"

À medida que você percebe inteiramente seu sentimento, a sua liberação já está sendo promovida. Com isso, pode até ser que o padrão não desapareça por completo em todos os casos, mas, pelo menos, ele não vai se manifestar mais às escondidas, porque agora você tem consciência dele. Na próxima etapa, abordaremos alguns outros possíveis sistemas desejáveis a respeito do mesmo assunto.

Aqui temos alguns sistemas para serem percebidos no íntimo, se eles limitam tanto você, quanto o cerne espiritual da sua natureza:

• Eu tenho medo de ser prisioneiro da matéria e do mundo da matéria.
• Eu tenho medo de que, no fim, tudo seja mesmo feito só de matéria, e que eu me desintegre, quando a matéria do meu corpo se desintegrar.
• Eu tenho medo de ficar à mercê do mundo material.
• Eu tenho medo de que a força divina (inteligência universal etc.) que, de alguma forma, talvez exista, não tenha qualquer efeito no meu caso.
• Eu estou profundamente decepcionado com o fato de que neste planeta nem todos estão unidos.
• Eu pensei que todos fôssemos uma unidade... Por que só vejo separação à minha volta? Por que não sinto a unidade? Será que, na realidade, somos mesmo isolados e não uma unidade?
• Eu tenho medo dos meus próprios pensamentos e manifestações negativas.
• Eu tenho medo de não conseguir criação positiva em minha vida.

• Eu tenho receio de que deve haver algo de errado com toda essa felicidade terrena. Isso não acontece somente no céu, após a morte? Será que eu talvez não vá morrer mais cedo, se eu já quiser ter agora o paraíso na Terra?

E então, como foi? Houve nisso algo tão aterrador que o tenha acertado em cheio?
Sem problemas. Esclarecer e vivenciar o sentimento conscientemente é o primeiro passo nesta técnica.
Segundo passo: com novos sistemas de crenças, "salvar por cima" dos antigos.
Aliás, você pode fazer da seguinte maneira: você se concentra em como tudo estaria lhe parecendo, se você, desde sempre, já estivesse completamente convencido do novo sistema de crenças, sempre tivesse acreditado apenas nele e em nada mais. Como seria a sua vida então? Imagine isso de modo pictural e depois sinta no coração. E quando quiser que o antigo padrão volte a aparecer em seus pensamentos, não o reprima, mas o convide a chegar bem perto, como um amigo. Em seguida, diga a esse velho padrão de pensamento: "Eu tenho algo para lhe dizer. Há em mim a necessidade de transformá-lo em... (**frase nova**). De você, eu só quero uma coisa: que a partir de agora você seja para mim... (**frase nova**) e eu lhe agradeço pela atenção em ter me ouvido".

Com um discurso tão afetuoso como esse, é possível que o velho sistema de crenças "caia em prantos" e prometa transformação eterna. Ele fará isso por você, porque você é muito gentil com ele. Importante: sinta assim no coração e seja amável tanto para com você, quanto para com os antigos sistemas de crenças. Você não é contrário ao antigo sistema, mas a favor do novo. Com amor, você se despede do antigo e, igualmente, com amor, convida o novo. Se você pode sentir isso, então, já aconteceu!

Esses são os novos sistemas. Escolha novamente os que encontram eco em você:

• Eu creio que a divindade (a inteligência universal) está dentro de mim.

• Eu creio que a divindade (a inteligência universal) é o que se aproxima mais de mim mesmo, sempre!

• Eu creio que a divindade (a inteligência universal) atua de forma particularmente forte em mim, apenas e tão-somente de forma positivamente transformadora e positivamente criativa.

• Eu creio que o mundo material exista exclusivamente para a minha alegria.

• Eu creio que a força espiritual da existência seja a única coisa que realmente age em mim.

• Eu creio que o mundo seja feito de pensamentos divinos. Também o meu mundo, também o meu corpo, e eu também.

• Eu creio que, misteriosamente, todos somos mesmo unidos, mesmo que isso, aparentemente, nem sempre seja visível.

• Eu creio na sabedoria universal que me habita, que me conduz e me protege.

• Eu creio que já tenha conseguido tudo o que é essencial.

• Eu creio que gero somente coisas positivas e que correspondem ao meu ideal.

• Eu creio que já tenha resolvido meus problemas de maneira positiva e isso agora, gradualmente, vai se tornar visível.

• O paraíso na Terra é permitido.

• O paraíso na Terra é o que todos precisamos para podermos curar o homem e a natureza novamente. Isso não só é permitido, é necessário!

Resumo

Pode-se "salvar por cima" de sentimentos e padrões antigos, à medida que, conscientemente, direciona-se a atenção para coisas que reforcem os sentimentos positivos. Quem reforça o amor e a gratidão dentro de si mesmo não precisa saber quais padrões tinha anteriormente que lhe dificultavam sentir amor no âmago do ser.

Todavia, por vezes, estagnamos e, de repente, não conseguimos ir adiante. Às vezes dá muito certo e por muito tempo, fazermos encomendas ao Universo e, de uma hora para outra, não funciona mais. Isso pode ser um sinal de que um antigo padrão nos trava e nos impede e de que ele "quer se fazer notar". À medida que permitimos sentimentos e os vivenciamos totalmente, eles perdem, instantaneamente, sua força e criam espaço para algo novo.

O caminho do meio é importante aqui: por um lado, para exercitar a elevação, em geral, da sua disposição básica de ânimo, conforme o redirecionamento de sua atenção (eu fico feliz com um copo meio-cheio, em vez de ficar reclamando do copo meio-vazio), e, pelo outro, a permissão e a identificação dos sentimentos, assim que eles aparecem e querem ser sentidos.

Pensamentos existem para criar!

Agora já podemos compreender melhor a força dos pensamentos e a força dos sentimentos. Mas eu (Manfred) ainda gostaria de falar a respeito do trabalho cooperativo entre ambos os níveis, razão e sentimento. Eles são estreitamente ligados e podem trabalhar em conjunto, tanto no sentido negativo quanto no positivo. Pelo fato de termos falado com tanta frequência sobre polaridades e contrários, apresentamos agora mais uma forma de atuação do ponto de vista do ego diretamente relacionada ao tema.

Nosso ego não é tão ruim assim. Quando trabalhamos em nosso interior, desfazemos o apego do ego ao nosso sentimento e aprendemos a realmente experimentar os sentimentos no âmago do ser, à medida que os percebemos com o coração. Nosso ego até mesmo nos ajuda nisso. Enquanto apartamos o ego dos sentimentos, ele nos auxilia na observação dos sentimentos por meio do coração. Com isso, entramos diretamente em contato com nossos desejos do coração e nosso ego ainda "faz o serviço" de falar com nosso *self*, senti-lo e nos conectar a ele.

Também na esfera mental, nosso ego é infinitamente valioso. Quando aprendemos a superar o ego, no que se refere ao julgamento e depreciação do outro, elucidamos o passado e começamos a reconhecer que "os contrários" em nossa vida servem apenas para nos ajudar a alcançar nosso ideal e nossos desejos. Desse modo, o ego pode estar a nosso serviço para a realização dos nossos desejos. Olhamos para a frente e nos mantemos ocupados, em termos mentais e emocionais, apenas com o *agora* e com a criação de um maravilhoso futuro.

À luz, o pensamento não é sobrecarregado pelo

ego, o ego se refinou, nosso verdadeiro *eu* ou verdadeiro *self* transparece, "diz a que veio". O ego, então, é útil ao coração, ouve com atenção os desejos do coração e se torna seu porta-voz neste mundo. À luz, o sentimento é livre do ego, ele pode ser visto como separado do ego. O ego já não se identifica mais com os sentimentos, mas tornou o caminho livre para que o coração possa sentir, no âmago do ser, os acontecimentos da vida. E, mais importante ainda, o coração passa a ser ouvido, ele pode articular suas sensações em forma de "Que bom se isso se tornasse realidade, isso eu gostaria de ter na minha vida", e expressá-las com ajuda do ego refinado trazendo-as para o mundo. Juntos, introduzidos e cheios de luz em nossa vida, eles são muito fortes: sentimento e razão se dão as mãos, trabalham em parceria para servirem ao homem e criarem.

No início do livro já havíamos falado de modo semelhante que:

• A razão e o ego, em primeiro lugar, existem para determinar o que queremos criar. Por exemplo, numa formulação mais clara, o que desejamos *encomendar ao Universo*.

• Para atrair implacavelmente o que desejamos para nossa vida, a razão não é indicada. A razão não é capaz de gerar a atração inexorável. Só o sentimento é capaz de fazer isso!

Resumo

Não tenha medo do ego. Em forma refinada, ele é uma divina ferramenta repleta de beleza.

"Sentir no âmago do ser"
— O Paraíso na Terra

O que acontece a uma pessoa que, cada vez mais, consegue sentir no âmago do ser, consegue experimentar mais a si mesma e, em consequência, passa a estar em maior conexão com sua fonte interior? E como será um mundo, onde vivem cada vez mais pessoas capazes de sentir no âmago do ser? Algumas considerações a respeito:

O corpo emocional amadurece: sentir verdadeiramente no âmago do ser, amadurece o corpo emocional. O "pular de tanta felicidade" e o "quase morrer de tristeza" dos adolescentes, como já foi dito, têm a ver com a criação e o crescimento do corpo emocional. Obviamente que uma pessoa madura em seu corpo emocional está menos "sujeita" a seus sentimentos. Quem sente no âmago do ser não se apega a sentimentos. Em vez disso, as sensações são sentidas, percebidas e liberadas em seguida. Sensações simplesmente percorrem todo o ser, de modo que ele esteja livre para a próxima sensação. Portanto, *ser* verdadeiramente é algo livre de extremos de sentimento. As erupções de sentimentos podem ser igualmente tão intensas anos mais tarde, porque o ego ainda não é suficientemente refinado e ainda o domina muito fortemente: sensações no âmago do ser não são permitidas e sentimentos são julgados energicamente. Algumas coisas são consideradas como boas, outras como ruins e desta mesma forma são sentidas. Surge um medo de determinadas situações, nas quais a pessoa já se encontrou uma vez e esteve muito mal. Ao se repetirem tais situações, é reativado o sentimento ruim. Para contornar um sentimento ruim, a vida tem de ser redirecionada, quer dizer, ajustar-se bem às situações, de modo que, enquanto for possível, esse sentimento não a penetre. A vida, portanto, não é livre da razão, mas sim, dirigida por ela. Pelo fato de que a sensação não vivida procura a repetição para que possa, finalmente, ser vivida, o "desconversar" por meio da razão é improdutivo. Pensar positivamente também não ajuda em nada nesse caso. Basicamente, as grandes erupções de sentimento mostram a idade de uma pessoa e o quanto ela é madura do ponto de vista emocional, pois, independentemente da idade que consta na carteira de identidade, emocionalmente, a maioria de nós é ainda criança, caminhando na estrada que leva ao "ser adulto".

A família espiritual é encontrada: no processo de se tornar adulto espiritualmente, acontece algo belíssimo: revela-se a própria família espiritual. Esta é a minha própria experiência e também de muitos amigos. Surge um sentimento de comunhão que mais de uma pessoa é capaz de perceber, passamos a nos perceber, então, como mais do que um simples grupo de pessoas e acontece uma maravilhosa abertura para outras que ainda não conhecemos. Com isso, passa-se a perceber, cada vez mais, que, aqui, alguém está mais próximo de um do que de outro, há um reconhecimento espontâneo e, ainda, uma calidez de coração que vai muito além... É isso que quero dizer com família espiritual: entre as pessoas que sentem no âmago do ser, por vezes, há contatos que geram uma espécie de conexão de corações, mesmo que ela dure apenas um breve momento ou a vida inteira.

A beleza interior é evidenciada: no meu caso, compreender e sentir com o coração, de alguma maneira, estiveram ligados à descoberta de que, por dentro, as pessoas são belíssimas. Não importa quais máscaras sejam usadas ou quais joguinhos sejam feitos no exterior, internamente, as pessoas são belas e preciosas. Quanto mais eu percebo e sinto no âmago do ser, muito mais sei reconhecer o motivo por trás de um determinado comportamento e, com muito mais frequência, sou também capaz de me beneficiar dos elevados pontos de vista que me fazem compreensivo e compassivo, e que me educam o ego, com suavidade. E exatamente as pessoas mais tímidas e discretas é que escondem, dentro de si, o tesouro mais valioso. Elas não têm coragem de mostrá-lo ou dividi-lo com o outro, em parte, pelo desconhecimento de sua riqueza interior, em parte também pelo simples fato de que o melhor e o mais puro de uma pessoa só se mostra, quando o ego — que adora assumir ares de importância — aprendeu a ficar quieto.

A beleza é reconhecida e pronunciada: na Cabala, o portão para o amor é *tipheret*, que se descreve com os termos *beleza* e *compaixão.* Há estreita inter-relação entre ambos. Chegar à sensação no fundo de si mesmo significa estar cada vez mais conectado, por meio do corpo emocional, a todas as coisas, pessoas, animais, natureza. E se o ego ainda continua a julgar e depreciar com todo o prazer, por meio do sentir no âmago do ser, aprendemos a estar conectados a todas as coisas e, então, realmente, abre-se, como um portão, a beleza da natureza e do ser humano. Por esse motivo, o pronunciamento do que é bom e do que é belo, é uma importante indicação, enfim, da frequência em que meu ego se cala e a voz do meu coração tem a chance de se expressar.

Ficamos parecidos com as crianças: a descoberta da beleza na natureza e no mundo se assemelha um pouco à despreocupação de uma criança que anda na neve pela primeira vez, que encontra uma flor ou observa um besouro. Seja como as crianças! Esta citação da Bíblia eu compreendo como, depois que já se cresceu e tudo o que já se aprendeu, esquecer de tudo para que seja alcançado o estado interior de uma criança: inocente, ingênua, sem julgar nada nem ninguém.

Encontramos nosso próprio caminho: crescer em minhas sensações, em meu íntimo, cada vez mais, foi me mostrando meu próprio caminho. Ora, como meu caminho poderia se mostrar, se não estou em conexão com minha fonte interior nem com meu coração? Sigo apenas pistas do mundo externo e procuro, mas não a encontro. Pois o caminho está vinculado ao sentir a mim mesmo. Sim, sentir o que "fala" dentro de mim e o que quer se manifestar. Pelo fato de já haver mencionado a Bíblia, por duas vezes, aqui está, enfim, mais uma dica referente ao tema "encontrar o próprio caminho". Existem livros de Neill Douglas-Klotz a respeito do Pai-Nosso em aramaico. Como se supõe que a língua materna de Jesus era esta, Klotz a aprendeu e a estudou em suas origens. E, assim, foi descoberto que, em aramaico, há diversos significados para uma só palavra, como por exemplo, a palavra "sangue" também significa "vinho", "vermelho" e "vida". "Deus", em nossa forma de interpretação masculina, também é descrito, em aramaico, como "Pai-Mãe", "Todo", "Universo" ou "Unidade". O tão empregado termo "culpa", em aramaico, torna-se "fazer algo no tempo errado", por exemplo, colher as uvas antes de estarem maduras. Portanto, originariamente, não há essa forma fixa de Pai-Nosso, como, um dia, aprendemos de cor. Não, pelo contrário, no original aramaico nós somos convidados a criar nosso próprio Pai-Nosso, e isso eu vejo exatamente como um convite divino de criarmos nosso próprio caminho, na esfera da religião, ou seja, acreditar em nossa "religião do próprio coração" e segui-la, sempre mais.

É descoberto o nosso dom, o talento: quando conseguimos sentir no âmago do ser mais e mais, também desenvolvemos em nós o determinado sentido que encontramos para nossa vida: nosso "dom" se mostra para nós. Dom significa algo como sentido da vida ou talento. Assim como para Bärbel, a vocação é escrever, para outras pessoas ela se encontra em profissões que curam, aconselham ou trabalham com artesanato. O talento pode se mostrar em todas as esferas possíveis da vida. Nisso se percebe como a energia simplesmente flui e como, de certa forma, quase automaticamente, compõe as coisas num todo. Por estar em graça pelo dom, ganho forças e o trabalho é realizado com facilidade. Isso se assemelha um pouco ao plugue que foi ligado à tomada. Uma pessoa em graça, de alguma maneira, fica "on-line", apanha suas informações e sua energia sem perceber. Bärbel já concluiu isso, supergripada, ela se pôs a escrever e o fez durante vinte horas ininterruptas. Depois, ficou boa! O ato de escrever a conecta diretamente à força da fonte interior e, por esse motivo, isso é capaz até mesmo de curá-la.

Somos mais amor: como nos tornaremos o que somos verdadeiramente? À medida que nos livrarmos das antigas vestes, dos antigos sistemas de crenças, das antigas maneiras de pensar — dos nossos pais, nossos professores, do nosso meio — que tomamos para nós. Ninguém pode realmente nos conhecer, somente nós podemos nos aprofundar, cada vez mais, em nosso verdadeiro *self*: "Seja o que você é!", com este desejo, os Sufis proferem sua bênção, desde tempos imemoriais, porque eles sabem que partes de nós — partes da consciência, sistemas de crenças, assim como o próprio ego — precisam ser transformadas. "Sem dúvida alguma nos tornaremos o que imaginamos ser." Mas como conseguir? Isso é, de alguma maneira, como o antigo tema: *Quem veio primeiro, o ovo ou a galinha?* Como posso acreditar que sou mais do que posso imaginar, apenas por mim mesmo? Não há ninguém que pudesse dizer isso para mim? Certamente que há professores, mas "o melhor professor é aquele que o ajuda a reconhecer, que você não precisa mais de professor", (citação de Dieter Hörner). Um bom professor sabe do anseio de uma pessoa de ser "dirigida" pelo exterior, a fim de poder se livrar da responsabilidade por sua própria vida. A partir do momento que uma pessoa se encontra em condições de definir a si própria apenas por si mesma, ela já alcançou o objetivo:

ela se liberta da ajuda e da opinião dos outros, "acredita em si mesma". E, no futuro, as crianças que virão poderão mudar o mundo só por causa disso, porque trarão dentro de si, desde o nascimento, a confiança e a fé em si mesmas. Que as crianças do novo milênio nasçam em meio a todo o amor para, assim, compreenderem o mundo, de um modo inteiramente novo. Esse é um pensamento muito abençoado e reconfortante, não apenas para os pais.

Vivemos do que vem do coração: e, pelos pensamentos a respeito das crianças dos novos tempos, já nos encontramos também no futuro. Como será o futuro se as pessoas passarem a viver mais do coração e das sensações no recôndito da alma? Haveria um limite, como no fenômeno do "Centésimo Macaco"[14], como se, a partir

---

14 N. T.: Para melhor compreensão da referência feita pela autora, urge esclarecer:

O centésimo macaco, de Ken Keyes Jr. Livro escrito em virtude de uma experiência realizada com macacos, nos anos cinquenta, numa época em que o perigo de uma guerra nuclear era premente. Esse fenômeno se refere a um salto de consciência — espontâneo e misterioso — obtido quando uma massa crítica é atingida e denominada **"o centésimo macaco"**, pois observou-se que, um macaco ensinou outro a lavar batatas, e este ao outro, e ao outro, e assim, sucessivamente, até que, em pouco tempo, todos os macacos da ilha lavavam as batatas, sendo que nunca antes algum deles as tivesse lavado. Quando o centésimo macaco aprendeu a lavar batatas, repentina, espontânea e misteriosamente, os macacos de outras ilhas, que jamais tiveram qualquer contato com os primeiros, começaram também a lavar batatas. Segundo essa teoria, se, por exemplo, uma pessoa começa a pensar em acabar com a violência no mundo, e faz outra começar a pensar nisso, e esta faz ainda uma outra começar a pensar da mesma forma, não infinitamente, mas, até que o ponto da massa crítica seja atingido, então, espontânea e misteriosamente, todas as pessoas começam a pensar em acabar com a violência no mundo — assim, o poder de transformar o mundo estaria ao alcance do homem.

de um limite mágico de, talvez, 100 milhões de pessoas que vivem mais do coração, as outras passariam também a ter consciência do amor e da gratidão? Nós vivenciaremos isso, com toda certeza.

Resumo

Quando encontramos, dentro de nós, a sensação do âmago do nosso ser, é desencadeada uma série de maravilhosos "efeitos colaterais":
O corpo emocional amadurece.
A família espiritual se encontra.
A beleza interior se evidencia.
A beleza é reconhecida e enunciada.
Tornamo-nos novamente mais parecidos com as crianças:
Encontramos nosso próprio caminho.
A dádiva do talento é descoberta.
Somos mais amor.
Vivemos mais do que vem do coração.

Eu e você
— dois perfeitos espelhos

O cenário mais importante para nossas sensações se encontra, obviamente, no campo de nossas relações interpessoais. Onde mais poderíamos consumir por inteiro nossas alegrias e tristezas? Além da abordagem apresentada, de que atraímos magicamente determinados acontecimentos para nossa vida, de modo a podermos vivenciá-los realmente e, com isso, solucioná-los internamente, gostaríamos, ainda, de oferecer mais uma: a do "espelho". Nosso meio nos reflete nossas boas ou más características. Em muitos livros espirituais e esotéricos, encontra-se, como parâmetro, o pensamento de que o outro é um mero espelho de nosso próprio *self*. Amplamente conhecido é o termo *projeção*, oriundo da psicanálise e significa que, nós só conseguimos enxergar no outro determinadas características, mas não em nós mesmos. Esse "ponto cego" na percepção de nós mesmos vai se tornando cada vez menor ao nos tornarmos mais conscientes de nós.

"Imagine, você rejeita especialmente um determinado tipo de pessoa. Um certo colega de trabalho, um vizinho ou quem quer que seja. Então, você chega a um salão com mil pessoas. Você não conhece nenhuma delas. Mais cedo ou mais tarde, você acabará se sentando ao lado do tipo de pessoa que você mais rejeita." Assim Waliha Commeti formula a lei do espelho no exterior. Antigamente, eu mesma (Bärbel) experienciei, muitas vezes, que isso, de fato, acontece. Eu me recordo, por exemplo, de um seminário anos atrás, com cerca de cinquenta participantes. Um deles eu achei realmente estranhíssimo. Exatamente o tipo que eu desejei que estivesse o mais longe possível de um seminário do qual eu também participasse. Quando foi dado início ao seminário e todos tomaram seus lugares, exatamente essa pessoa se sentou, rapidamente, ao meu lado e começou a falar, sem parar, comigo. Ah, bravo! Na época, o que me deixou mais chocada foi quando ele, em algum momento, falou-me que não conhecia ninguém no seminário e simplesmente se sentou ao meu lado porque eu chamei sua atenção por ter olhado para ele com olhos arregalados. Ele achou que isso era um sinal. Chorei!

Como o seminário foi muito bom, sem perceber, transformei minha antipatia (digo, a característica rejeitada, sobretudo, em mim mesma) e, depois disso, nós ainda conservamos uma amizade legal por alguns anos. Se alguém tivesse me contado algo parecido, no início do seminário, eu o teria considerado completamente maluco.

Contudo, a lei do espelho também quer nos ensinar o seguinte: quando não estamos em ressonância com alguém, essa pessoa nos passa despercebida. Nós tendemos a não enxergá-la. Assim que "percebemos claramente" uma pessoa, um elo se estabelece entre nós. Se ele é positivo ou negativo, não importa. Prenúncios são tanto contornáveis quanto transformáveis, assim como eu, naquela época, mais do que claramente, pude experienciar.

Minha sugestão (Manfred): considere olhar mais de perto, exatamente, as pessoas de quem você se desviou, em seu caminho, até hoje. O que mais o incomoda nos outros? Talvez haja algo em você a ser transformado e, quem sabe, até mesmo uma profunda e enriquecedora amizade é capaz de surgir entre você e alguém que o "incomode". Não quero dizer com isso que você deva ficar ouvindo as lamentações épicas de um sujeito negativista e deixar que sua "caixa de entrada seja inundada de *spam*". Isso só lhe faz ficar mais para baixo e não transforma ninguém. Por certo, refiro-me às pessoas afáveis que andam por aí, mas que você, até o momento, excluiu, porque não correspondem exatamente à sua imagem interna de um interlocutor adequado.

Retornemos ao exemplo anterior, das mil pessoas num salão e que, quando trazemos dentro de nós uma forte rejeição, atraímos exatamente o tipo de pessoa que rejeitamos. Waliha Cometti utiliza esse exemplo para evidenciar quanta força existe em nossos sentimentos. Nós só não nos damos conta disso na maioria das vezes. O que rejeitamos é o que atraímos, magicamente, para nossa vida. Mas, pensando mais adiante, também fica claro que as características que não queremos viver e que até mesmo rejeitamos continuam sendo sempre uma parte de nós! Quando não desejamos vivê-las ou queremos excluí-las, então, acabamos trazendo para dentro de nossa vida um ambiente correspondente a elas. O Universo já cuida para que nos tornemos um "todo". Ou nos tornaremos internamente com o que rejeitamos ou o Universo "nos abastece" de características falhas, por meio de nosso parceiro, nosso vizinho, nossos colegas de trabalho ou pessoas que conhecemos por acaso.

Para citar como exemplo, na astrologia temos Marte, que é considerado o representante da agressividade e da iniciativa. Um Marte descomedido vive a si mesmo e se impõe com facilidade. Em contrapartida, um Marte comedido é prevenido e sua energia é reprimida. No caso de um Marte prevenido, o meio tomará para si a agressividade, no lugar dessa pessoa, o "vale de onda" da agressividade será compensado, portanto, com uma "crista de onda". No sistema "eu e você", quando o *eu* e o ambiente ao seu redor vêm a ser observados como uma totalidade, a compensação é, assim, produzida pelo Universo.

Mais uma vez se faz valer, também neste caso, a frase dos místicos, "Assim como dentro, assim também fora": o que não é vivido ou é rejeitado no interior de uma pessoa, obviamente, está lá e lá deve mesmo estar (no nosso exemplo, a agressividade) e é tomado para si pelo meio externo e vivido "no lugar" dessa pessoa. Em outras palavras, o que existe "internamente", mas é reprimido tem de ser vivido "exteriormente".

Assim também explicam as *Wasifas* dos Sufis: a característica que falta em minha vida (por exemplo, a agressividade) pode ser ativada por meio de uma determinada *Wasifa*. Pelo fato desta característica faltar, isso não significa dizer que ela não esteja presente. De modo contrário, para essa pessoa, o meio vai se mostrar automaticamente menos agressivo, quanto mais ela permitir e disser "sim" à sua força de iniciativa e à sua virilidade. Na melhor das hipóteses, o homem é um "todo", os Sufis diriam: "Você é aquilo que você é". Então, uma pessoa assim vive todas as suas características, sem reprimir nada internamente, sem rejeitar nada em si mesmo. Enfim, ela também não rejeita mais o exterior e pode aceitar qualquer pessoa, do jeito que ela é.

Alguns esotéricos já se veem quase no céu, porque acreditam que só são amáveis e simpáticos. Caso não tenham realmente observado a agressão em seu interior, mas apenas a limitado, eles geram no exterior o que eles mesmos não vivem. Agressividade é um estado de sentimento que, energeticamente, ainda se apoia na depressão e no medo. Esse estado quer ser percorrido e vivenciado para fazer com que cheguemos à própria força e à unidade com tudo. De modo semelhante ao egoísmo, a agressividade é, muitas vezes, mal compreendida, pois ambos também possuem seus lados positivos. Poder acolher todas as coisas significa, igualmente, amar a todas as coisas e este, talvez seja um aspecto da iluminação. Como no próprio exemplo da agressividade deveria ficar claro também: quem é o culpado, se meu vizinho, meu companheiro, meu colega de trabalho ou a pessoa sentada ao meu lado no metrô, também não são agressivos comigo? O que o meio me mostra, então? O rígido ego se queixa a respeito dessas pessoas "malvadas", para não ter de se desenvolver. Mas o ego refinado se pergunta: "**Que lição devo tirar dessa situação?**. O que devo trazer para a minha vida? Quem sabe essa pessoa "malvada" esteja nessa situação apenas porque eu a estimulo, porque eu preciso disso, de modo que eu possa reconhecer a mim mesmo nesse espelho?

A esse respeito, ocorre-me (Bärbel) imediatamente um exemplo. Uma vez eu tive uma colega de trabalho com quem eu queria ser simpática, mas não conseguia. Em seu jeito de ser havia uma espécie de submissão chorosa que, todas às vezes, deixava-me louca. Quase sempre eu lhe respondia com arrogância ou nem sequer respondia. Esse jeito de ser me deixava furiosa. Acontece que eu, naquela época, tive um cliente (isso já foi há muito tempo) colérico ao extremo, em relação a quem eu também era submissa demais. Infelizmente, eu não sabia nada sobre leis de espelho ou leis da atração naquele tempo, senão, com certeza, teria me ocorrido que eu poderia estar usando essa colega como campo de exercício e espelho para sobrepujar minhas próprias porções submissas. Se eu as tivesse "deletado" dentro de mim, provavelmente a colega também não me irritaria tanto assim. E ela com certeza poderia usar o meu comportamento (e o de muitos outros, que se sentiam assim como eu) para olhar para dentro. Ela sempre se referia apenas ao mundo mau e como todos eram maldosos com ela, "coitada".

Na verdade, todos nós éramos seu espelho para lhe mostrar que ela se diminuía de forma antinatural e que isso simplesmente não era coerente. O psicólogo da empresa me disse, uma vez, que o comportamento dela era uma forma de agressão para que a culpa fosse atribuída aos outros. Na verdade, ela continha em si uma raiva represada, porque ela, a vida inteira, ainda não havia vivido realmente. E porque ela se encontrava extremamente em meio a essa situação de não conseguir viver realmente, os espelhos no exterior eram igualmente extremos. Muitos colegas reagiam a ela de maneira odiosa... E, naquele tempo, nenhuma das partes fez seu "dever de casa", todos continuaram projetando, sem fazer considerações sobre o assunto.

Tudo isso nos mostra que o corpo emocional é um corpo contraditório. Se sou tímido e sensível, devo aprender a ser mais forte e ter maior capacidade de me impor. Pois sensível eu já sou. **Meu crescimento se encontra no oposto, de modo que eu possa me tornar inteiro**. Enquanto eu rejeitar partes de mim, o meio onde vivo sempre vai me indicar onde estou precisando crescer. Nesse caso, a agressividade é apenas um exemplo que confirma isso. Em vez dela, agora podem ser acolhidas todas as características que uma pessoa pode ter: egoísmo, inflexibilidade, falta de respeito, abuso de poder, mas também altruísmo, flexibilidade intensa, respeito ou impotência. Somos capazes de rejeitar tudo o que é humano, mas apenas porque não conseguimos permitir, porque rejeitamos isso tudo em nós mesmos.

Por fim, esse carrossel de sentimentos humanos gira em torno de apenas uma coisa: amor-próprio, aceitação de si mesmo. O que me mostra uma pessoa que se comporta agressivamente em relação a mim? Você não é bom o suficiente, você não tem valor! Você não é digno de amor! O que me mostra uma pessoa que me rejeita, que me abandona, que me paga muito pouco no trabalho, que leva vantagem sobre mim, que me ludibria, que me pune com indiferença, que me pressiona, que me obriga, que me joga para fora da pista? Quanto mais eu me amar, muito mais isso será refletido pelo espelho do meio onde vivo, assim como o *cachorro na sala de espelhos* ("Encomendas ao Universo"). O que eu inserir no sistema "eu e o meu meio" voltará para mim. Nesse caso, amor-próprio está inteiramente vinculado ao egoísmo que, uma vez, aprendeu que pode ser agressivo, outra vez, que pode ser capaz de se impor para se tornar "inteiro" e para assim o ser. Só então, a partir da consciência da plenitude e do amor, ele também pode ser dado ao outro de coração e com toda gratidão.

Resumo

Se em meio a pensamentos de alta rejeição, como por exemplo, raiva e exasperação dirigidas a uma pessoa, você entra num salão de eventos com mil pessoas, em muito pouco tempo, estará sentado, automaticamente, ao lado de alguém que seja muito parecido com o seu oposto. Por esse motivo, é tão importante perdoar, por exemplo, antigos namorados, porque senão, o novo namorado será muito parecido com o antigo. Essa é a lei do espelho: as pessoas que estão ao nosso redor nos refletem, por meio de seu jeito de ser e de seu comportamento, e de como nos sentimos internamente. Sobretudo, refletem-nos o grau de amor-próprio que alcançamos!

O EXERCÍCIO DOS ANIMAIS

Muitas vezes não é tão simples penetrar em nossos sentimentos armazenados no subconsciente para resolvê-los. É como se tudo em nós se opusesse, como se alguns sentimentos se escondessem verdadeiramente. Todavia, com apenas um truque, podemos conseguir penetrá-los, sem complicações. Pois, então, a parte de nós que tem medo de reprimir não percebe o que está para acontecer e preserva seus mecanismos de defesa. Um maravilhoso truque é representar sentimentos sob forma de animais. O animal constitui, por conseguinte, uma metáfora para o sentimento e, à medida que nos perguntamos, internamente, do que o animal precisa, descobrimos do que nosso sentimento realmente necessita para que possamos nos curar.

Esta técnica funciona da seguinte maneira:

• Lembre-se o mais intensamente possível da situação desagradável ou do sentimento negativo.
• Se esse sentimento fosse um animal, qual animal seria? Tudo é permitido, desde o Wolpertinger[15], passando por qualquer ser de fábulas até uma simples minhoca ou águia esplendorosa.
• Seu sentimento agora é um animal. Como vai esse animal? Como se sente esse animal?
• Do que o animal precisa para se sentir bem novamente? Tudo é permitido. Simplesmente imagine uma situação na qual tudo esteja bem para o animal. Do que ele ainda precisa? Sinta bem lá no fundo de si mesmo.

A seguir, o exemplo de uma sessão com Manfred a respeito

---

15 N. T.: animal de fábula típica da baviera alemã, com corpo de lebre, chifres e asas.

de uma rinite alérgica desencadeada por pólen, limitada ao essencial:

— Como você se sente quando está com rinite? — perguntou Manfred.
— Péssima. Eu odeio isso — respondeu a cliente.
— Em que parte do corpo você sente isso? Como lhe parece exatamente?
— Sinto no corpo inteiro, tudo parece arder da mesma forma como o calor em torno de nós também arde.
— Sinta isso tão exatamente quanto possível. Que imagens ainda lhe ocorrem? — continuou Manfred.
— Isso me lembra as férias de verão quando eu era criança. Nós passamos o dia na praia e para mim estava quente demais, areia demais, tudo colando, mas eu não podia ir embora, eu tinha de ficar lá, com todos, até que meus pais resolvessem ir embora. Isso me pareceu uma eternidade.
— Se o sentimento dessa lembrança fosse um animal, qual seria?
— Um grande dragão cuspidor de fogo.
— Descreva-o mais exatamente.
— Ele tem uma pele pegajosa, areia colada sobre ela. Tudo nele é quente e pegajoso.
— Como o dragão se sente?
— Pessimamente. Ele não tem a mínima chance de sair dessa situação — respondeu a cliente.
— Em pensamento, pergunte ao dragão, do que ele precisa.
— Compaixão?
— Por que não? Abra seu coração e ofereça ao dragão bastante compaixão. O que acontece?

— Ele se sente um pouco melhor. A falta de perspectivas de sua situação já não é tão ruim.

— O que há de pior em sua situação? — questionou Manfred.

— O fato de ele estar como prisioneiro; o fato de ele não poder fazer nada.

— Há qualquer semelhança com a sua rinite?

— Pode-se dizer que sim. Eu acho que a pior coisa mesmo é que me sinto tão tolhida em minha liberdade e tão entregue ao problema que não posso sair.

— Então sua solução bastante pessoal reside no fato de acolher inteiramente esse sentimento — continuou Manfred. — Todas às vezes que você tiver uma crise de rinite, penetre no sentimento de estar entregue ao problema. É preciso que se penetre no sentimento que se quer evitar, de modo que ele possa ser dissipado. Tente perceber sempre qual é o sentimento que você mais gostaria de evitar e, então, sinta-o o mais intensamente que puder. Mas antes que o ego chegue e se identifique muito com ele, pergunte, renovadamente, a si mesma, em qual lugar do corpo e como exatamente você pode perceber esse sentimento. À medida que você observa o sentimento, você furta ao ego a possibilidade de ele se apegar novamente. Vamos experimentar uma coisa. Vamos passar por alguns campos, pelas flores, e você procura sentir isso em minúcias.

Assim, eles vão até o campo. A cliente tem outra crise de rinite e se refere a ela:

— Estou me sentindo totalmente entregue ao problema. Eu não posso fazer nada. Eu não tenho nenhuma chance. Olá, sentimento, eu o percebo, mas em que lugar do corpo você se encontra exatamente? Ah! Eu o estou sentindo, aí está você. — E, após algum tempo: — Eu, pobre infeliz, eu a mais infeliz de todos os infelizes. Tenho de aturar essa porcaria e para todo o sempre não posso fazer nada. Tenho de suportar, ah! coitada de mim..." — e abaixa a cabeça.

— Em que lugar do corpo você percebe o sentimento de "ser uma infeliz"?

— Isso tem algo de absurdo — ela diz procurando sentir onde ele está. Rindo enquanto fala, ela continua: — O sentimento foge quando eu o procuro. De alguma maneira, tenho de rir de mim, por causa disso, por eu estar aqui desse jeito, procurando em mim o sentimento de "ser uma infeliz".

Eles continuam caminhando ainda por algum tempo e a cliente vai experimentando cheirar qualquer plantinha que esteja florescendo para desencadear outras crises e poder continuar a observar o sentimento. Passado um tempo, ela não consegue mais provocar as crises.

— Que estranho, normalmente eu quero sempre evitar a rinite. Mas logo hoje que eu quero experimentá-la inteiramente e percebê-la em cada cantinho do meu corpo como sentimento, tenho de pensar em truques para que eu possa provocá-la. E quanto mais eu forço para que a crise de rinite aconteça, mais ela desaparece!

— Oh! Como isso é irritante... — diz Manfred.

A cliente o olha com espanto e os dois começam a rir.

— Que sentimento relacionado à rinite você mais desejaria ter?

— Ficar livre da rinite, totalmente livre e despreocupada.

— Vamos fazer uma pausa e desejar à humanidade inteira esse sentimento que vem do fundo do seu coração. Enquanto você deseja isso a todos, você atrai o que deseja mais e mais para a sua vida.

Esta sessão serve de exemplo para todas as coisas.

• Sentimentos antigos, que você quer evitar a todo custo, fazem de tudo para reaparecerem em sua vida. Eles querem ser observados, percebidos e desencadeados por você.

• Por exemplo, em todas as circunstâncias, quanto mais você procurar evitar o fato de ser solteiro, você permanecerá solteiro por muito mais tempo.

Portanto, encare, olhe firme para o "negativo": penetre completamente o sentimento que você quer evitar. Nisso, tente perceber em seu corpo o pior sentimento. Em que parte exatamente ele se encontra?

E o lado positivo: utilize a força do sentimento negativo para operar transformações em você mesmo. Seja criativo, aprenda a se conhecer melhor e se torne o parceiro dos sonhos que você gostaria de ter para si. Aprenda a amar a si mesmo. Quanto mais você disser "sim" para esta oportunidade de trabalhar em si mesmo, muito mais rapidamente chegará o companheiro e, desta vez, aquele com quem você poderá manter uma relação no nível mais alto e harmonioso do que aquele que até hoje você vivenciou.

• Você deseja, de qualquer maneira, evitar a falta de dinheiro: penetre completamente na falta de dinheiro.

Olhe bem para o "negativo": em qual lugar do corpo você consegue perceber o fato de ser pobre, a falta de dinheiro? Que sentimentos você ainda associa ao fato de ser pobre? Para alguns é o sentimento de inferioridade, para outros, a falta de liberdade e o não poder fazer o que gostariam. Para cada pessoa, o sentimento principal que ela mais rejeita pode ser diferente. Entre totalmente nesse sentimento e observe-o.

Agora, o lado positivo do sentimento: desfrute da

simplicidade (dica de livro: *Die kunst des stillvollen Verarmens* (Rico Sem Dinheiro: A Arte do Melhor da Vida), de Alexander von Schönburg, seja criativo, com pouco, faça muito. E todas às vezes que você receber dinheiro, não importa o quanto, aceite-o com todo o amor e faça-o bem-vindo. Sempre que você gastar dinheiro, fique feliz por você ter o que gastar. Agradeça cada centavo que você possa gastar. Todas às vezes que tiver contato com dinheiro, se você expressar um sentimento positivo, mais dinheiro entrará, automaticamente, em sua vida. Quanto mais o seu subconsciente mantiver longe de você o "dinheiro mau", muitos mais sentimentos negativos você terá ao receber ou gastar dinheiro, ou até mesmo ao pensar sobre isso, o que é até gentil por parte do seu subconsciente, visto que ele quer preservá-lo das coisas que lhe provocam sentimentos ruins...

• Problemas no relacionamento conjugal e com os filhos: quanto mais você rejeita algo em seu parceiro ou filhos, muito mais essas coisas se intensificam. Retome inteiramente o sentimento que você percebe que prevalece em cada situação e se concentre no amor-próprio, independentemente do que esteja acontecendo ao seu redor. Assim que você consegue isso, é esse o momento em que todos se modificam!

IMPORTANTE: a cliente de nosso exemplo teve sorte. Ela conseguiu uma melhora de seu problema em apenas uma sessão. Assim como todos fazem, nós também tomamos como exemplo o caso de maior êxito, embora precisemos ser sinceros e dizer que, frequentemente, precisamos de mais de uma sessão, embora nem seja necessário um acompanhamento permanente. Tais sessões também podem ser realizadas pela pessoa sozinha. O motivo pelo qual precisamos, muitas vezes, observar os sentimentos profundos e há tanto tempo reprimidos, reside no fato de que temos dificuldade em sermos totalmente sinceros com nós mesmos. Não estamos acostumados com isso e o ego é mestre em procurar subterfúgios. Mal nos aproximamos do cerne do sentimento e estamos no melhor caminho para desfazer o apego e a identificação do ego com o mesmo já temos de, urgentemente, exatamente nesse instante, lavar as mãos, assoar o nariz, abrir a janela ou qualquer outra coisa.

O ego sabe muito bem: quando atingimos o sentimento em cheio e o trazemos para a luz da experiência consciente, ele desaparece e volta sob forma de seu oposto! E isso seria terrível para o ego, pois ele não teria mais nada de que se lamentar.

Portanto, permita-se ser feliz e prometa ao seu ego que vai lhe arranjar um novo trabalho (ver capítulo sobre o ego) e que, ainda assim, continuará a amá-lo, mesmo que o mundo inteiro apenas o enalteça o tempo todo (o ego refinado faz assim).

Exercícios de sentimento para Clientes do Universo

Como *Cliente do Universo*, duas coisas me interessam. Caso eu, com toda urgência, de toda maneira, com toda importância, queira "cancelar" ou modificar um "pedido": quais sentimentos pretendo evitar com isso? Há algum sentimento que pareça se integrar de maneira sensata para que vire seu oposto?

E em relação a tudo o que eu *encomendo*? Que sentimento associo à "entrega do pedido"? Em que lugar da minha vida pode ser que o sentimento positivo desejado já esteja presente? Como posso reforçá-lo?

No livro *Reklamationen beim Universum* (Reclamações ao Universo), falei sobre a técnica de algumas tribos indígenas. Os índios imaginam como seria sua vida, caso já possuíssem o que tanto desejam. Como seria o desenrolar do dia? Como se sentiriam? O que seria diferente? Como isso lhes pareceria? Com a maior riqueza de detalhes possível, descrevem como isso lhes pareceria e tudo o que haveria de fantástico, caso o que tanto desejam já estivesse presente em suas vidas. E quando conseguem sentir tudo isso, inteiramente, agradecem, como se já tivessem recebido o que querem. Segundo sua concepção, isso atrai para a vida o que se deseja. As únicas coisas sobre a qual advertem, são os pedidos frequentes do que desejam (encomendas repetitivas). Pois, enquanto alguém pede sempre algo que não tem, o sentimento de falta se reforça e, pelo fato de os sentimentos serem os que, com maior intensidade, conseguem as coisas, outras carências são geradas por esse motivo. Para os índios, também é importante prestar toda atenção ao sentimento. Ele tem de ser positivo e vivaz, para que se consiga o que se quer.

Até o momento estávamos um pouco confusos a respeito do que fazer, quando nós, aparentemente, não conseguimos abandonar uma *encomenda*. Entretanto, temos algumas possibilidades a apresentar. A esse respeito, nós podemos aprender a acolher, inteiramente, o que queremos evitar, e o sentimento se dissipa por si só. E então, não há nada mais que se tenha de abandonar. Alegria antecipada ou passiva tranquilidade são excelentes. Nós não temos de deixá-las. Podemos nos comprazer na imaginação de como seria bom se...

Apenas preocupações, dúvidas e temores "suspendem" as *encomendas* positivas, por período indeterminado. Olhe bem para o sentimento negativo: acolha a preocupação, a dúvida e o tenha inteiramente. Sinta tudo até o fim. Permaneça com esses sentimentos e observe em qual lugar do corpo eles se encontram, o tempo suficiente até que eles se dissipem. O tempo suficiente até que você fique totalmente em paz com o *estado atual.* Então, não há mais nada que tenha de abandonar; a *encomenda* fará um zumbido como uma flecha lançada ao alvo e, amanhã de manhã, o *entregador* (internamente, com uma inspiração intuitiva) já tocará a campainha.

Sobre o lado positivo do sentimento: encontre a dádiva por trás do problema. Em todo problema há uma dádiva. Convide a consciência divina universal a penetrar nos bilhões de células do seu corpo, abra seu coração e sinta em si mesmo a Unidade do Todo e a força elementar. Pergunte pela dádiva no problema. Ou, posteriormente, pergunte como você pode redirecionar e utilizar melhor a força do sentimento negativo em seu benefício.

Olhe ao seu redor e encontre as coisas que você ama assim como elas são, não importando o quão pequenas elas possam ser (ver a *lista de se sentir bem*). Pode ser seu lápis preferido, o Sol, uma planta, seu corpo etc.

Werner Ablass oferece em seu livro *Leide nicht — liebe* (Não Sofra — Ame) um resumo genial a respeito da aceitação de sentimentos negativos: ame as coisas como elas são. Ame a si mesmo, também quando estiver furioso, triste ou irritado. Ame sua raiva, sua rejeição e sua irritação. Isso também é genial. Pois se você ama a sua raiva, não precisa mais reprimi-la e pode senti-la, vagarosamente, até o fim.

Se você ama a sua dúvida, não precisa mais deixá-la e, sim, aceitá-la inteiramente, permanecer nela e senti-la até o fim, até que ela, por si mesma, transforme-se em confiança!

Resumo

Preste atenção ao sentimento que está por trás da sua "encomenda". Que sentimento você possivelmente gostaria de evitar e qual seria seu sentimento desejado?

POR QUE OS DESEJOS DO CORAÇÃO SÃO MAIS FORTES?

Neste livro, já foi falado bastante a respeito dos propósitos do ego e de sua alegria pelas coisas negativas, de modo que se torna claro que desejos puramente egoicos, muitas vezes deixam na boca um gosto de "querer evitar algo" em vez de "querer algo pela alegria de ser um desejo".

Por outro lado, a energia do coração jamais é a energia da lamentação, mas é sempre a energia em conexão com o que somos para muito além desta vida terrena, em conexão com o cerne espiritual de nossa existência. Há um elo que une o coração à sensação no âmago do ser. E tanto ideias quanto desejos que vêm do coração — de maneira ingênua, banal, divertida, simplesmente alegre ou até mesmo gratificante — podem conduzir à vocação ou ser enriquecedores para o mundo. Mas esses são desejos pela alegria por desejar ou desejos por coisas que nossa alma gostaria de conhecer e vivenciar, portanto, desejos que possuem infinitamente mais força que desejos egoicos. Por esse motivo, se presto atenção aos sentimentos positivos que estão por trás, já me encontro muito mais próximo do que meu coração quer, do que o que a razão pensa a respeito, superficialmente.

Um exemplo clássico: a essência do meu ser deseja ter liberdade e a razão pensa que isso seria um carro conversível — teto aberto é liberdade. Mas talvez o coração busque uma liberdade completamente diferente, a liberdade de poder tomar decisões por mim mesmo e não ter de cumprir ordens de ninguém. Talvez isso seja algo sobre o porquê de a razão nem sequer se atrever a pensar, por puro medo existencial. Na empresa eu não posso tomar nenhuma decisão por mim mesmo, é o que pensa o pequeno funcionário que compensa isso com um carro conversível.

Razão, ego, antigos padrões e temores agem, uns sobre os outros, muitas vezes, sem que nós percebamos, enquanto nos mantemos pura e simplesmente na essência de nossos desejos, quando espiamos dentro de nosso coração.

A propósito, falemos do medo existencial: por trás de muitos medos, mecanismos de defesa e "fracassos" em situações importantes se escondem medos existenciais instintivos. Algo dentro de nós pensa que nossa vida estaria em perigo. Por exemplo, numa simples prova ou quando queremos assumir nossas necessidades na vida, reagimos tão apavorados, como se nossa vida estivesse em risco. Isso tem a ver com a **amígdala cerebral** (ver *Gehirnforschung* — Investigação Sobre o Cérebro — *Prof. Spitzer, entre outros*), com a maneira de como aprendemos o quê e quando, em nossa vida, além de instintos primitivos, que sempre ativam o "mecanismo de fugir" e desativam a razão e a intuição, quando em uma situação perigosa. Isso está muito bem explicado, em minúcias, no livro *Erfolgsgefühle* (Sentimentos de Êxito), de Thomas Klüh.

Truque: em cada situação crítica, pergunte a si mesmo, com toda a firmeza, se sua vida realmente está correndo perigo por causa disso e perceba se só o reconhecimento consegue tranquilizá-lo um pouco...

De volta aos desejos do coração: desejar algo de todo o coração, significa desejar com amor. E o amor é a força mais intensa no Universo. Do ponto de vista espiritual, o amor contém a maior quantidade de luz possível. No capítulo "Apenas quem move corações, move o mundo", temos: toda a matéria é feita de luz e, de acordo com a visão espiritual, também todas as coisas que acontecem na vida ou tudo o que ainda pode ser criado. Luz e amor, juntos, são o "material" a partir do qual todos nós fomos feitos. Portanto, quando desejo algo que parte do coração e do amor, esse desejo contém, automaticamente, muito mais "material" do que um outro que foi desejado sem amor. E, por esse motivo, ele tem mais força.

No próximo capítulo será apresentado o motivo pelo qual os desejos do coração são mais fortes: o coração é o que está mais diretamente ligado à inteligência universal. Também não há nenhuma surpresa nisso. Tudo é feito de luz e de amor, o coração gera luz e amor, ou seja, essas são qualidades do coração e tudo o que vem de lá são exatamente as coisas que estão mais próximas da força elementar.

Resumo

Se desejamos ou fazemos nossas "encomendas" a partir de um sentimento de falta ou rejeição, nossos desejos têm muito pouca força. Tudo o que "encomendamos" a partir do coração, encomendamos a partir do amor. O amor é a força mais intensa do Universo. Por conseguinte, desejos do coração são sustentados pela força do amor.

A ORAÇÃO BASEADA NOS SENTIMENTOS

Gregg Braden (autor do livro *O efeito Isaías*, que fala sobre a força da oração) diz que, em textos religiosos muito antigos, ainda havia a *Oração Baseada no Sentimento*[16], que, nos dias atuais, simplesmente desapareceu da Sagrada Escritura. Nesse tipo de oração, palavras e pensamentos servem para gerar um sentimento no coração, como se o estado desejado já se encontrasse nele. Segundo essa técnica, os três chacras superiores pertencem à esfera mental e os três inferiores, à esfera corporal. O centro, o chacra cardíaco, é responsável pelo sentimento e é o único a promover conexão e comunicação com a inteligência do campo energético (Deus, Unidade do Todo) que nos cerca. O sentimento é praticamente a linguagem do coração, como também a linguagem da inteligência universal. Toda força criativa vem, consequentemente, do coração e do sentimento. Todo sentimento é criativo e, por esse motivo, também a Oração Baseada no Sentimento cria tudo o que formos capazes de sentir com o coração.

A forma original da Oração Baseada no Sentimento, conforme descrita por Gregg Braden, assemelha-se à técnica dos antigos índios: imagina-se como seria se o que se deseja já estivesse presente e, tão logo se possa sentir bastante, se agradece. Durante a Oração Baseada no Sentimento, cuida-se para que esse processo se dê a partir da força do coração e para que, nesse caso, sinta-se tanto amor quanto possível. Uma variação dessa técnica seria, por exemplo, após esse tipo de oração, propor a si mesmo a tarefa de fazer com o coração todas as pequenas

---

16 N. T.: do original em inglês, Gregg Braden, The Feeling-Based Prayer.

coisas do dia-a-dia e, consequentemente, estabelecer para si mesmo novos e positivos hábitos.

Minha dica (Bärbel): comece por uma única atividade diária sem muita importância, que você esteja acostumado a fazer. Por exemplo, lavar a louça, escovar os dentes, arrumar uma determinada coisa, fazer algo com as crianças que geralmente o deixa estressado (por exemplo, vestir ou trocar as roupas, pois, quando se tem muitos filhos, isso pode ser muito estressante, até que todos estejam prontos para sair), qualquer tipo de trabalho chato, de rotina, no escritório ou qualquer coisa do gênero. Escolha uma atividade e, a partir de agora, decida que vai executá-la com o coração, com prazer e gratidão. Fique agradecido por você ser capaz de conduzir tal atividade e tire proveito dela, como se ela fosse a maior diversão na face da Terra. Quando você ainda era criança talvez achasse o máximo quando os adultos escovavam os dentes ou qualquer coisa do gênero. Agora que você já é adulto e pode fazer o mesmo, desfrute.

Faça uma anotação em um bilhete e o cole em um lugar propício ou em um lugar que você olha frequentemente. Acostume-se realmente a desenvolver essas atividades com amor e alegria. O exemplo de escovar os dentes: segundo pesquisas, foi descoberto que, hoje em dia, escovamos os dentes, tomamos banho, comemos mais rapidamente e dormimos muito menos do que nos anos setenta. E o que fazemos com o tempo tão maravilhosamente economizado (supostamente, temos mais trinta e oito minutos por dia)? Vemos televisão. Ora, que lucro. Caso você tenha escolhido a atividade de escovar os dentes, decida executá-la, a partir de agora, como se fosse um ritual que se segue assim como se escuta, se vê e se sente, com profundo prazer, uma ópera na *Arena di Verona* (embora eu deseje que, futuramente, em termos de conteúdo, alguém venha a escrever óperas de maneira instrutiva, sob uma visão espiritual e construtiva, em vez de antigas histórias dramáticas, mas esse é outro assunto). Escove seus dentes meditativamente. Escove-os com gratidão. Alegre-se pelo banheiro, pela escova, envie a eles sua estima, em pensamentos, desfrute o sentimento das cerdas sobre a sua gengiva, ame escovar os dentes e entre em êxtase ao fazê-lo. *Desculpe*, foi só uma brincadeirinha, quem sabe até seja possível, mas, com toda a certeza, não propriamente necessário.

Evidentemente já experimentei fazer isso e, após algum tempo, foi fascinante perceber que bastava que eu visse uma escova de dentes numa propaganda ou vitrine, já começava a ficar menos tensa e, muitas vezes, até mesmo se abria um leve sorriso em meu rosto. E só de olhar para uma escova de dentes!

Também pode ser uma xícara de café, os apetrechos para lustrar sapatos, a chave do carro ou da casa. Sempre que você abrir alguma coisa, faça isso com gosto. Aproveite esse instante para ser grato pelo que você acaba de abrir (carro, apartamento, armário). Ame o que você está abrindo e a atividade de abrir. Imagine que você fosse uma criança que acabou de descobrir o mecanismo de se fechar com a chave e feche com todo o prazer e alegria.

Tudo isso é uma espécie de continuação da Oração Baseada no Sentimento, pois você confere pequenos realces aos sentimentos positivos conscientes presentes nas pequenas coisas do dia-a-dia. Com isso, você eleva, gradualmente, a sua disposição básica de ânimo, a vibração e a qualidade das coisas que você, por ressonância, atrai para sua vida. E para a multiplicação de sentimentos positivos, vale dizer: **quanto mais banal for a ocasião, muito mais puro será o sentimento!**. Nós não criamos grandes energias necessariamente a partir de grandes realizações, mas sim, à medida que desfrutamos, com total desprendimento, do amor da criação nos breves momentos de quietude e das atividades ingênuas, completamente livres da obrigação para com qualquer outro objetivo! Isso se assemelha a uma "Oração Baseada no Sentimento em segundos", um instante, enquanto deixamos que a força de vida concentrada flua pelo nosso corpo. Da força de momentos como esse surge a força criativa, porque o amor e a existência pura amadurecem a partir deles.

Resumo

O que mais aproxima a alma e o sentimento é:
... o que é simples;
... o que é calmo;
... o que é silencioso;
... o que é legítimo;
... o que se processa com vagar.

Redefinir o trabalho em si mesmo:
bom é quando há prazer

Há uma linda imagem do budismo coreano, criada pela Mestre Zen Da Haeng Kun: "Quando os portões internos se abrem para a sabedoria, então você deve ser como o pica-pau: copiosamente ele bate seu bico no tronco da árvore, com toda tolerância e devoção, até que sua obra esteja concluída".

Para muitos, isso soa como trabalho duro, forçado, e eu acredito que não seja totalmente assim. Pode até ser, se alguém começa "muito lá de baixo", na escala de sentimentos (fortemente melancólico) ou se acaba de começar a trabalhar. Mas a frase quer dizer: "Seja como o pica-pau, que constrói sua obra, com toda tolerância e devoção". E não quer dizer: "Seja como o esquilo, que tenta construir uma obra de pica-pau...". E também não quer dizer: "Continue batendo, monotonamente, com seu bico, no tronco, independentemente se essa atividade lhe é adequada ou não".

O mais importante de tudo é que a maior alegria de um pica-pau é construir a sua própria obra. Assim como uma das minhas maiores alegrias (Bärbel) é imergir em escrever. Portanto, não imagine o trabalho em si no sentido de trabalho estressante e sem entusiasmo. O trabalho consiste, principalmente, em descobrir para você a atividade e o caminho que você pode realizar e seguir com alegria e grande leveza. Todos os esforços ou pensamentos como: "Oh! Que lástima... Agora esse desenvolvimento de personalidade é também tão estressante quanto esse meu trabalho chato", são, logicamente, altamente contraprodutivos. Nesse caso, com toda a certeza, seu coração não se abre mesmo.

Dê início ao "trabalho em si mesmo", com o objetivo de **sentir bastante a si mesmo, no momento presente**. Comece visando abrir seu coração e descobrir, devagarzinho, pequenas e grandes alegrias dentro dele. Por esse motivo, comece a se sentir conectado à força elementar. E conectado você só está, se abrir seu coração e se procurar as finas sensações dentro dele. Isso é divertido. Isso se chama trabalho espiritual, porém é mais uma espécie de "autocontribuição constante" — com os melhores resultados. Finalmente, o "surdo interior" passa a ouvir também, quando a intuição e o misterioso *entregador do Universo* chamam.

Einstein já dizia: Toda natureza tende à harmonia. O que você está fazendo aqui, ao "trabalhar" com sentimentos ou ao "trabalhar em si mesmo" é desvelar sua própria natureza, desvelar sua alegria e ter prazer com isso. O sentimento de se trabalhar forçado, sem entusiasmo, é coisa do passado. Lembre-se: o sentimento gera atração implacável. Aqui está você, porventura, trabalhando arduamente em si mesmo. O que deve resultar disso? O sentimento é: "É duro, é difícil". O resultado será que tudo permanece como sendo duro e difícil. O verdadeiro trabalho com sentimento consiste na alegria em vivenciar o processo. Pois eu quero uma alta frequência vibratória, quero que o sentimento de alegria gere a atração implacável, quero poder sentir o amor pela criação a partir do coração e, finalmente, quero que eu me sinta bem e que agora viva contente.

Se eu trabalho, arduamente, em mim mesmo, porque em mim muita coisa está errada, e porque ainda me encontro muito longe de estar bem e em ordem do jeito que eu sou — que tipo de vibração é essa? Que tipo de atração eu gero com isso? Eu me diminuo, torno-me pesado, e o resultado será correspondente. Se você for surpreendido por esse tipo de coisa, então deixe tudo de lado, pare tudo e medite sobre as seguintes frases:

• Eu sou perfeito do jeito que sou. Eu me amo do jeito que sou. O cosmo me ama do jeito que sou. Tudo o que há para se fazer é o uso do meu livre-arbítrio para realizar e determinar em que vibração eu me mantenho.

• Mas se eu vibro em alta ou em baixa frequência — continuo estando bem do mesmo jeito, do jeito que sou, e a mesma quantidade de amor cósmico está à minha disposição.

• Está tudo bem. Eu posso abrir meu coração sempre que quiser e deixar que mais amor cósmico flua para dentro de mim. Também posso deixar de lado. Escolho e me amo, independentemente do que eu escolha agora.

• Eu posso me alegrar, mas não tenho obrigação de me alegrar. Quando quiser atrair coisas alegres para minha vida, a alegria é o melhor sentimento para gerar uma atração implacável para essas coisas alegres. Eu quero isso? Sim? Ok, então olho agora em torno de mim, no lugar em que me encontro, para onde devo dirigir minha atenção, para que eu já possa neste momento alegrar-me ao menos um pouquinho. Em que coisa poderia pensar, que viesse a me trazer agora um sentimento bom?

Realmente, isso é parte do trabalho: olhar à sua volta e, como uma criança, sentir-se exatamente numa atmosfera parecida com "Quero brincar de que agora?".

Além disso: com toda a importância que há em se vivenciar sentimentos até o fim — quando se fica fazendo isso o tempo todo, ou seja, junto com o sentimento, tentando enterrar dentro de si o que já foi dissipado e sentido até o fim, então, a pessoa já se encontra, novamente, andando de marcha a ré pelo caminho.

O primeiro exercício importante é: seja feliz agora. Abra seu coração agora. Descubra agora, em seu coração, a fina sensação no âmago do ser. Com isso, você planta a semente do que realmente deseja que floresça em sua vida. Faça isso para elevar sua frequência vibratória e para estar positivamente presente no *agora*. Este é, a propósito, o estado ideal para o recebimento de *entregas* do Universo. Nesse estado, você está aberto para as pequenas indicações que vão levá-lo a fazer o certo, no tempo certo, para que haja a realização de seu desejo.

O segundo exercício importante é: quando sentimentos negativos aparecem no dia-a-dia, isso significa: estufar o peito, abrir o coração e observar o sentimento com toda a atenção!. "Eu não consigo..." Você acha mesmo? Mas nós também conseguimos nos encolher e abaixar a cabeça... É exatamente isso que torna tudo muito pior. A partir de agora, vamos facilitar as coisas para nós. Estufar o peito, abrir o coração e observar o sentimento com toda a atenção! "Quem é você, sentimento?" Em que lugar do corpo você está? Como você é precisamente? À medida que você identifica o sentimento, você apara suas arestas pontudas e cortantes, você impede que ele venha a se tornar um referencial inconsciente, além disso, você lhe dá a chance de se tornar seu oposto. Todo sentimento encerra seu oposto, desde o momento em que ele é sentido até o fim!

Aplicações Práticas

Para-raios da força elementar

Nós temos uma televisão no quarto de hóspedes para a babá. De vez em quando, encontro Manfred lá, "absorvendo" um filme de terror. Hoje foi uma dessas noites. Manfred havia sumido. Já era tarde demais para um passeio e, de fato, ele estava lá, sentado diante da televisão, vendo os últimos cinco minutos de um filme de terror. "Fica aqui, já está quase acabando, assim que acabar, eu vou para a cama também", disse ele me puxando para o sofá. Nesses cinco minutos apareceram cerca de três zumbis, muito sangue e muitos sentimentos de espanto, medo e de "estar aprisionado" que, por si sós, no nível da consciência, jamais me ocorreriam. E eu, infelizmente, estava numa tonalidade de ânimo extremamente receptiva, insuspeita, aberta.

O marido da minha irmã também vê esse tipo de filme. Em termos evolutivos, não fica claro para mim por que os homens gostam tanto disso. Mas, tudo bem, depois do filme, fomos nos deitar. E que grande surpresa: eu não consegui dormir. Em minha mente, vi-me rodeada por uma galeria de mortos-vivos que gemiam porque não encontravam mais o caminho para seu mundo inóspito. Medonho. Eu comecei a temer que pudesse atrair, rapidamente, tais energias e seres para o meu campo energético, caso eu não parasse, imediatamente, de pensar naquilo.

"Olá, força elementar universal, favor vir até mim agora", evoquei em pensamento. "Eu quero uma conexão direta com você, origem de tudo o que existe. Quero me sentir imediata e diretamente conectada com a porção da divindade, na qual, sem luz, amor e pureza do ser, nada mais existe".

A esse respeito me ocorreram, ao mesmo tempo, o filme Para Além do Horizonte, com Robin Williams, e todos os livros de Neale Donald Walsh. Tanto no filme quanto nos livros repete-se a seguinte declaração: "O inferno não é um lugar, é um estado de consciência. O céu também não é um lugar, é um estado de consciência". Assim, o plano dos zumbis também não é um lugar e sim um estado de consciência. Apaziguante isso. Eu só preciso voltar minha consciência para o céu e já me encontro lá. Decidida, repeti: "Eu me recuso a perceber qualquer coisa que seja diferente do que a pura força elementar divina. Que seja criado, quem quiser, o que quiser, e que se mantenha nos estados de consciência que bem entender, não me importa. Continuo neste momento a direcionar minha inteira atenção e concentração para a percepção da força elementar divina e a me voltar para a luz e para o amor. Nada além disso me interessa no momento. Consciência, onde você está? O que eu quero ver é o amor em essência, pura luz, força elementar da criação e mais nada".

O amor em essência determina a maior parte da criação. Só é preciso que sejamos intensamente determinados para que se dê a percepção dessa energia originária. Depois que eu, em minha percepção, respirei fundo a pura força elementar universal, as imagens desagradáveis se dissiparam completamente. Ufa! Felizmente.

Sim, mas, espere um instante... Agora, pensando melhor, não seria fraqueza fugir em pânico para o colo da mamãe/papai/força elementar universal e tremer de medo, assim que aparece algo menos "luminoso" ao meu redor? Se tudo é Deus, então, também o são os divinos seres desagradáveis. Eles só se esqueceram. E eu não poderia, então, contribuir um pouco para fazê-los se lembrar de que: eles são seres divinos; e o quanto é mais agradável viver no estado de consciência celestial do que no infernal?

"Cara força elementar, porque já nos encontramos tão ligadas, você poderia me enviar uma ideia, de como eu — sem fazer julgamentos e de maneira absolutamente particular — poderia formar um elo entre céu e inferno? Melhor dizendo, que todos pudessem escolher livremente entre ambos e ter completa consciência acerca da escolha feita. Enfim, uma ideia para "viagens de turismo voluntárias" para o inferno, em vez de se ficar aterrorizadamente aprisionada lá dentro?"

Quando eu — intensa e inflexivelmente — decidi me concentrar na energia da força elementar, na luz e no amor, em algum momento, todos os sentimentos negativos e temores me abandonaram e uma completa alegria desceu sobre mim, até que eu atingisse uma alegria intensa e uma tonalidade de ânimo digna de comemoração. E assim, com novo ânimo, perguntei pela união sem medo entre céu e inferno. Obviamente que, numa frequência vibratória como essa, a resposta veio imediatamente, antes mesmo que eu tivesse completado a pergunta em meus pensamentos. Em minha mente vi uma espécie de parque de diversões: uma parte era feita de coisas bem próximas à consciência do inferno (montanha-russa e trem fantasma a um só tempo) e a outra era feita de ferrovias celestiais: um romântico trem de anjos, com essências aromáticas, músicas para relaxamento etc. As duas partes são claramente separadas e estruturadas de maneira completamente diferente, mas todo mundo pode transitar livremente entre uma e outra. Eu fiquei sonhando com esse parque nos mínimos detalhes, no fim, acabei dormindo maravilhosamente bem e, na manhã seguinte, acordei, após outro sonho. Nesse sonho, depois que os zumbis visitaram o meu parque céu-inferno, eles se lembraram como é quando se está no estado de consciência celestial e, de repente, tornou-se bem fácil para eles subirem para o céu.

"Tudo é feito de força elementar universal e eu também. Por esse motivo, eu escolho o estado de consciência da total conexão com a força elementar, com a luz e com o amor." Com este exercício eu posso meditar no topo do monte *Zugspitze*[17], à meia-noite.

Com o passar do tempo surgiu mais uma modalidade de exercício. Eu medito ou simplesmente relaxo e, em pensamento, digo para mim mesma o seguinte: "Imagino a divina força elementar em meu coração. Eu também sei que ela se encontra no coração de cada célula do meu corpo. Isso faz dos bilhões de células que tenho em meu corpo, bilhões de unidades conscientes de Deus. Eu me concentro para perceber a irradiação divina em todas as minhas células. Estou completamente tomada por esse sentimento. Sei que a força elementar, juntamente com minhas células, pode contribuir para um ótimo estado de saúde".

Ambas as variantes de exercício são uma experiência excelente, em todos os níveis, e são o sentimento básico ideal para gerar a atração implacável para a realização de desejos. Pois, ao *encomendar ao Universo*, é exatamente a mesma coisa: **Qual é o sentimento que mais nos atrapalha ao "fazermos encomendas ao Universo"?**. O sentimento de **estar apartado** do Todo. Quanto mais fortemente eu me

---

17 N. T.: a montanha mais alta da Alemanha, nos arredores de Munique.

experiencio como "separada" de todas as coisas, da natureza e do espírito universal, muito mais fortemente bloqueado estará, em meu interior, o meu "fax de encomenda lá para cima". "Eles não me escutam mesmo", é o meu sentimento básico que cria a realidade correspondente a ele. Ou então, como em meu exemplo anterior: "Os zumbis estão entre nós, estou entregue a eles". Algo assim eu só poderia pensar se experiencio a mim mesmo como apartada da força elementar que me habita.

Consequentemente, qual é o sentimento que mais facilita qualquer maneira de se encomendar ou se manifestar em si? O sentimento de **conectividade e de unidade** com a inteligência universal, com a força elementar divina e com absolutamente todas as coisas. Se eu, no plano espiritual, estou conectada a todas as outras pessoas, também posso incluir todo mundo, caso deseje resolver meus problemas, de forma positiva. Assim, os outros podem me encontrar no plano espiritual e responder, sem que eu anteriormente tenha precisado dizer em voz alta para cada um, o que estou precisando. Então, por exemplo, minha alma pressente meu futuro senhorio que, segundo ela, já estava à procura e, enfim, ela envia o "senhorzinho", quem sabe, ao mesmo tempo que eu, para a lojinha de produtos naturais e na fila do caixa acabamos entabulando uma conversa.

Quando me experiencio como conectada à natureza e ao espírito universal, quando respiro espírito universal e quando, a cada expiração, volto a respirar minha existência no Universo, não há nada de estranho, se esse Todo cheio de vida reage aos meus questionamentos, de modo igualmente vivaz.

Resumo

Céu e inferno não são lugares, mas estados de consciência: sentimentos de unidade e de conectividade com o Todo, com a força elementar, nos fortalecem; sentimentos de estar apartado ou separado da fonte interior nos enfraquecem.

DA UTILIDADE DOS SENTIMENTOS NEGATIVOS

Essa vivência do parque céu-inferno me levou a pensar... Tudo começou com temores e, após uma criativa "decolagem para as alturas", tudo estava acabado. De algum modo, a força do medo se transformou em uma força para ideias. No fim, eu dormi maravilhosamente bem. Se eu tivesse apenas reprimido o sentimento e, mesmo assim, tivesse tentado dormir, creio que na manhã seguinte estaria me sentindo como se tivesse bebido bastante. Eu sei como é isso. Abafar sentimentos negativos não nos faz bem. Mas é patente que eles sejam passíveis de transformação.

Em que ainda seria possível se transformar o medo? Numa outra oportunidade procurei sentir o mais exatamente possível qual tipo de força ela é realmente, a força do medo. Eu a senti como sendo destruidora e muito poderosa. Humm... o que se poderia fazer com uma força dessas? Depois, imaginei que a força do medo iria se transformar em um monte de pequenos *Pac-Men*[18], que percorreriam todo o meu corpo e, essa monstruosa força destrutiva extinguiria, em todos os esconderijos, coisas negativas e nocivas à saúde. Imaginei que eu sairia disso rejuvenescida e fortalecida, assim que o medo transformado em *Pac-men* terminasse. Pude fazer isso por um bom tempo antes que, gradualmente, a força deles fosse se acabando. No que concerne aos restos de medo, bem, dediquei-me ao exercício de senti-los até o fim e peguei, então, a minha

---
18 N. T.: *Pac-Men,* também conhecido como *Come-Come*; o "faminto" personagem central de um jogo eletrônico criado nos anos oitenta que, em um labirinto, devora pastilhas enquanto escapa de fantasmas perseguidores em ritmo progressivo de dificuldade.

"lista de se sentir bem". Com isso, fiquei em harmonia novamente e saí fortalecida.

Podemos lidar de maneira semelhante também com a raiva, com o ostracismo, com o luto, entre outros. Quanto mais negativo for um sentimento, mais força ele possui. Raiva e agressões podem ser imensuravelmente fortes. Por que quebrar a mobília se a energia pode ser aproveitada de maneira útil? Se você tem tanta força à sua disposição, então pense bem sobre o que você poderia fazer de útil com essa força e essa energia. Quem sabe você consegue fazer algo que, de outra forma, não conseguiria? Há alguma coisa que você adoraria fazer, mas que normalmente não tem coragem? Talvez o momento da raiva seja o momento ideal para você ir correndo até o prefeito da sua cidade e persuadi-lo para a reforma do parquinho das crianças. Contanto que você não fique com raiva do prefeito, seria quase impossível que caísse na tentação de bater com alguma coisa na cabeça dele. Mas você pode utilizar o sentimento de raiva para passar por cima da sua timidez. Ninguém continua sendo tão tímido quando está realmente furioso. Aproveite a força que existe no sentimento e faça alguma coisa útil com ela.

A meu ver, uma das dificuldades neste livro é o fato de haver tão poucas soluções *All inclusiv (tudo incluído)* para qualquer coisa. Os sentimentos são diferentes a cada instante, portanto, demandam soluções igualmente diferentes. Ocorrem-me, sempre e sempre, apenas exemplos do que acontece comigo, na esperança de que eles estimulem a sua criatividade e a alegria de experimentar lidar com seus sentimentos, em qualquer momento, de maneira aberta e contente por experimentar.

No que diz respeito a casos de luto, perdas e catástrofes de todos os tipos, é sempre importante não reprimir os sentimentos e sim aceitá-los como eles são e vivenciar o luto e a dor. **Saber existir com a dor é**

o melhor antídoto contra ela. Só assim, em algum momento, ela acaba e não se torna uma latente agonia perene. Ao mesmo tempo, uma força misteriosa e uma dádiva também existem na tristeza. Tudo o que você tem a fazer é encontrá-las, só isso.

Espero que os dois últimos capítulos contribuam com algumas ideias para lidar criativamente com a força existente nos sentimentos negativos. Faça uso da força. Já que ela está "aí", faça alguma coisa com ela! Então, no fim das contas, cada sentimento negativo se transforma numa dádiva. Mas só você é capaz de encontrá-la.

No próximo capítulo, tratamos justamente do contrário. Precisamente, abordaremos os sentimentos positivos que, quer você creia ou não, são igualmente difíceis e cheios de restrições na sociedade.

Resumo

Saber existir com a dor é o melhor antídoto contra ela. E ainda: todo sentimento negativo possui uma força poderosa. Utilize-a! O medo pode nos tornar criativos, a raiva libera forças gigantescas. Você pode usar a raiva como motor, para, finalmente, realizar uma determinada coisa. Encontre a força que há por trás dos sentimentos negativos, use-a, transforme-a.

Todo conflito, se o encaramos, pode conter em si dádivas extraordinárias e, como com a botas-de-sete-léguas[19], faz com que progridamos em nosso caminnho.

---

19 Nota da Revisora: nas histórias infantis, cada bota de um par que, uma vez calçado, permite ao seu possuidor deslocar-se com grande velocidade.

A NOBRE UTILIDADE DO *KITSCH* E OS ESTEREÓTIPOS SENTIMENTALISTAS

Kitsche[20] e estereótipos sentimentalistas são desprezados na sociedade, principalmente na alemã. Eles são considerados como algo nada agradável, tolo e supérfluo. Costumamos fazer bastante barulho em torno dos acontecimentos negativos e, em contraposição, os que são positivamente comoventes, tratamos logo de descartar como sentimentaloides. Do ponto de vista do potencial de criação, isso está completamente errado. Um mestre espiritual indiano (Swami Kaleschwar), que opera os mais maravilhosos milagres, diz que ele só consegue fazer isso porque aprendeu a se alegrar por todas as coisas que existem, de todo coração e com honestidade. No que se refere à "manifestação", nosso grande erro seria o fato de que rejeitamos e evitamos esses magníficos sentimentos. Muito pelo contrário, assim que uma pessoa se mostra positivamente comovida, devemos correr até ela para podermos nos comover também, o mais intensamente possível, em vez de fugirmos com vergonha de estarmos comovidos. Só devemos sair correndo de vergonha pelas emoções quando alguém começar a falar mal ou reclamar de outras pessoas.

Até mesmo a nossa sexualidade já perdeu muito em termos de profundidade de sentimentos, justamente por causa da nossa frieza em geral, a tal ponto que, segundo pesquisas, a maioria das mulheres preferem romances de TV, chocolate ou banhos de espuma, em vez de sexo.

---

20 N. T.: manifestações (estéticas) consideradas de valor inferior, de caráter popularesco, de mau gosto, "cafonas", que exploram o sentimentalismo excessivo, geralmente associadas aos melodramas, às imitações, ao estilo trivial.

Sexo é um tema crucial, pois ele encerra uma grande força criativa. Entretanto, cada vez mais autores escrevem livros sobre formas de sexualidade capazes de reativar a profundidade dos sentimentos e as sensações no âmago do ser. O livro *Fazer amor de maneira divina*, de Barry Long, é um clássico e já um pouquinho antigo. O livro da americana Marnia Robinson, *Peace between the sheets*, é uma obra mais atual e, como já mencionado anteriormente, eu e Manfred compartilhamos nossas experiências com esse tipo de sexualidade no livro *Sex wie auf wolke 7* (Sexo Como no Sétimo Céu). O que pretendemos é devolver à sexualidade a energia divina e o sentimento, para que ela possa desenvolver novamente a força criativa que mora dentro dela.

Você se lembra da pergunta central, de como se reconhece um ego refinado? Do momento em que penetramos cada vez mais profundamente em nosso coração e o ego se refina, então, passamos a ter mais alegria em amar e enaltecemos o belo. De repente, abrimos os olhos e reconhecemos toda a beleza que existe ao nosso redor: as flores, a natureza, as pessoas, as coisas. E também pronunciamos isso e reconhecemos o belo cada vez com mais facilidade. Penetramos mais e mais a gratidão por nossa existência e pelas oportunidades positivas que a vida nos oferece.

Os sentimentos positivos nos tornam mais abertos, eles permitem maior entrada de energia. Qualquer pessoa pode sentir isso, a partir do momento em que compara ao menos uma vez, a diferença existente entre sentimentos negativos e positivos. Sentimentos como medo, dúvida, frieza etc., "cortam-nos" da energia: a cada vitória da dúvida ou da frieza, um pedacinho da ligação com a força elementar é "cortado". E pedir ajuda ao Universo não adianta, porque nós somos o Universo. Temos de contribuir com a força e as forças presentes também querem ser usadas. Todo mundo pode canalizar, formar e ativar energias, do momento que se cultive o amor dentro de si!

Resumo

Todos temos a energia de cura dentro de nós mesmos, resta que a despertemos. E isso funciona muito melhor com o "Kitsch" e sentimentos cálidos, do que com frieza. Na verdade, com frieza nada funciona. A frieza destrói a nossa força criativa.

"Poder fazer" e "ter de fazer"

Pelo fato de termos dois filhos gêmeos pequenos, estamos bastante envolvidos com o tema Educação. Uma querida amiga nossa disse, uma vez, de maneira muito subjetiva, que na Educação tudo é mesmo supérfluo, pois as crianças, mais tarde, sempre fazem o que os pais, em vidas passadas, já experienciaram com elas.

Nomeados pais um pouco tardiamente, em torno dos quarenta anos, eu e Manfred tivemos a sorte de encontrar uma ótima babá e, quando as crianças ainda eram muito pequenas, algumas coisas nós "colamos" da babá. Bem, para chegarmos ao ponto, também relativizamos os métodos de educação de nossos pais. Muita coisa fica mais clara quando assumimos o papel de pai e mãe. Depois que nós, durante um longo tempo, tentamos fazer tudo com perfeição e permitir às crianças tudo o que fosse possível, um dia, por pura falta de energia, tivemos de começar a colocar limites e a dizer *não*. Com gêmeos é mesmo um caso sério, mesmo que se tenha babá e, no nosso caso, também não havia as vovós para suprirem o lugar de mãe, de vez em quando, pois ambas moravam muito longe. Crianças precisam de limites que requerem justamente o "não" dos adultos, como também o estabelecimento de regras, embora um equilíbrio também seja necessário, ou seja, para contrabalançar cada "não", ele deve ser seguido de três "sim" (pelo menos, segundo a mestre espiritual, Waliha Cometti). Pois (muito importante!), se uma criança recebe proibições demais, o "não", ou seja, o "não poder fazer", acaba se tornando um grande descontentamento e, possivelmente, a criança cresce em meio a essa energia descontente. O entusiasmo da criança passa a ser refreado demais e, provavelmente, ela venha a ser calada e prevenida, talvez sem coragem para fazer determinadas coisas, porque "será mesmo proibido". Também pode ser que essa criança se torne birrenta e ainda reforce isso: *Está bem, vocês não me permitem, então eu também não quero nada!* E isso também não é nada bom.

Claro que os pais querem sempre o melhor para seus filhos: "Nosso filho deve ter uma vida melhor do que a que tivemos" ou algo semelhante, é como, certamente, muitos pensam. Assim, procuramos educar e direcionar nossos filhos, acreditando que sabemos o que é o certo para eles. Muitas vezes desejamos para eles o que seria a realização de um sonho nosso, totalmente sem levar em consideração a capacidade da criança. Muitas vezes a nossa ambição é tão grande que sobrecarregamos a criança. Fazemos assim com nossos filhos: *Se você se comporta dessa maneira, eu gosto você, mas se faz o contrário, aí eu não gosto de você.* Só pelo sentimento, nossa criança já é muito direcionada e a suprema arte é perceber o que ela está precisando e lhe colocar limites com todo sentimento. Michelangelo disse, uma vez, que escultura era fácil de esculpir, ele só teve de remover os excessos de pedra. Assim também deveríamos fazer ao educar nossos filhos, em completa consciência de que eles vieram ao mundo com o mais alto potencial e que nós devemos apenas apoiar o que já se encontra presente neles. Portanto, podemos fazer um "Sol de potencial" para cada um de nossos filhos. Num círculo de papel-cartão do tamanho de um prato, colamos uma linda foto da criança bem no centro. Na parte de trás do círculo, colamos diversas tiras, como os raios de Sol e, em cada um deles, pai, amigos, professores parentes etc., devem escrever os potenciais que a criança apresenta. Podem ser características, capacidades, talentos e pontos fortes da personalidade. E, então, pode-se pendurar na parede do quarto da criança, para que, de vez em quando, se possa dar uma passada de olhos, enquanto se formula a pergunta: "Que boas características do meu filho eu poderia especialmente reforçar hoje? Como eu poderia lhe passar o sentimento de ser maravilhoso do jeito como ele realmente é?"

Nossa vizinha tem um filho de seis anos e reclama que na série em que ele estuda são necessárias duas horas para que o dever de casa seja feito. Na Alemanha, a pressão exercida sobre crianças ainda pequenas tem sido cada vez maior desde o último "Pisa-Studie"[21]. Onde fica a livre possibilidade de desenvolvimento, onde está a alegria de aprender, quando tem de haver uma severa devoção aos estudos já nessa idade?

Bärbel se preocupa muito com esse tema e, por isso, disponibiliza muitas dicas para pais em seu site sobre livros infantis, como também na esfera dos seminários. Seu lema é "Proteja os começos". Pois, quando as crianças "têm permissão para serem felizes", os adultos também ficam menos frustrados. Em nossa sociedade (alemã), as crianças "têm obrigação de fazer" tanta coisa inútil e "podem fazer à vontade" muito pouco do que realmente lhes alimenta a alma; poder usar o celular, comer uma infinidade de doces ou ver televisão ininterruptamente não podem ser considerados exatamente como algo que tenha valor. E quando as crianças "têm tanta obrigação de", ou, melhor dizendo, "têm permissão para fazer" tão pouca coisa, isso se fixa no sentimento. Todos dizem assim: *Você tem de ter um bom certificado para poder ter um bom emprego. Você tem de se esforçar muito para ganhar um bom salário. Você*

---

21 N. T.: *Programme for International Student Assessment* — O estudo mostrou a situação desoladora dos alunos alemães em relação aos de outros países. Nele, os alunos foram submetidos a testes de conhecimento para a avaliação de sua capacidade, a fim de que fossem comparados o nível escolar, a qualidade do ensino e dos sistemas escolares. O resultado foi chocante para a Alemanha que, aos poucos, vai despertando para o fato de que o sistema de ensino precisa ser revisto.

tem de ir para o trabalho, mesmo que esteja doente, senão, perderá seu emprego e estará entre dos cinco milhões de desempregados da Alemanha. Tanto "ter de", "ter obrigação de"... Primeiro o trabalho, depois o prazer.

Muito saudável pode ser passar férias em um país onde nem todos têm oportunidade de ir para a escola e que grande parte da população é pobre. Por exemplo, no interior do Brasil, nos confins do país. Ali, as pessoas se percebem apenas e tão-somente como pessoas. **Cada um é respeitado e estimado simplesmente por ser uma pessoa. Status é desinteressante, quando ninguém, em todo o povoado, possui algum**. Desempenho, "ter obrigação de" fazer muitas coisas e estresse desaparecem completamente, quando não há nenhum acesso a "coisas que se têm obrigação" de fazer. Isso pode ser bastante revigorante. Acho muito saudável que possamos nos lembrar um pouquinho desse sentimento de vida.

Em parte, podemos encontrar algo semelhante, bem mais próximo de nós, como por exemplo, nos novos Estados ao norte da Alemanha. Ali, ao longo de muitos anos, a maioria das pessoas também tinha muito pouco dinheiro, oportunidades ou status. Ali, ainda não é tão propagada a ideia de "ter tanta obrigação de" e ter de se apegar a qualquer delírio de desempenho. Ali as pessoas também são consideradas apenas por serem pessoas, justamente porque, em geral, não tomam parte dessa ideia de "ter obrigação de".

Contudo, se nossos pais, nós mesmos e nossos filhos já crescemos, em meio a essa vibração básica de "ter obrigação de", então, o "poder fazer" se encontra há milhas e milhas distante de nós. A vibração básica "ter de" significa, também: *Eu só "posso", se eu fizer isso e aquilo.* Nós viemos ao mundo trazendo conosco o "eu posso", mas, com bastante rapidez, passamos ao "eu não posso, **pois**

eu tenho de". A energia básica de uma criança é alegria e entusiasmo e ela se transforma, apenas muito rapidamente, em descontentamento. Vamos dar uma olhada nisso agora no "modo sentimento". Suponhamos que eu tenha um trabalho estressante e "tenha de" trabalhar doze horas por dia e, no fim de semana, "eu não posso". O dia inteiro, eu "tenho de" e, no máximo, no domingo, eu "posso" colocar meus pés para cima. Como é a energia? Descontentamento, pois eu "tenho de". Posso esperar que algo que eu faça com descontentamento, possa ser percebido por meu chefe ou meu cliente como alegria? Não, pois isso se contrapõe à lei da ressonância. Geralmente realizo meu trabalho enfastiado e louco para entrar de férias e, claro, totalmente inserido no sentimento de descontentamento, e é o mesmo descontentamento "semeado" que "colherei" do meu chefe. Que injustiça! Contudo, no mundo dos sentimentos, meu chefe só pode me retribuir com o que já se faz presente: descontentamento! E ele, gentilmente, trata apenas de "reforçá-lo" mais um pouquinho, para que eu, em algum momento, possa perceber claramente.

Talvez não sejam promovidos os funcionários que "se esfolam" fazendo hora extra e sim aqueles que certamente não merecem. Será que eles têm um melhor sentimento básico, de alegria? Quem sabe? No plano do sentimento valem as leis lógicas, se soubermos como elas são.

Então, o que se pode fazer? Toma-se como referência, principalmente, permitir o meu "eu posso", para estar em uma melhor e mais alegre vibração básica. Assim, não só as *encomendas* dão mais certo, como o reconhecimento profissional também não tarda a acontecer. No campo das relações sentimentais, o ponto principal: também deve haver permissão para o meu "eu posso", por exemplo, eu posso sair de férias sozinho, eu posso ir me encontrar com amigos, eu posso, alguma vez, apenas receber em vez de dar etc.

"Eu posso" pode significar que eu, no relacionamento, também posso emitir minha opinião, posso ficar chateado, posso ser diferente do que minha cara-metade gostaria que eu fosse e, principalmente, posso ouvir a minha alegria: o que ela quer agora?

E isso se mostra em todos os aspectos da vida: eu posso ter opinião própria. Eu posso escolher meu próprio médico e formar minha própria opinião sobre a minha doença, em vez de confiar cegamente no "Deus vestido de branco". Eu posso morar de um jeito totalmente diferente do que os outros, comer o que eu quiser, beber o que eu quiser, passar férias do jeito que eu quiser. Mesmo que ninguém entenda nada. Eu posso.

Para finalizar, uma palavra ainda sobre o tema Educação Antiautoritária: quando uma criança pode tudo e não sabe o que significa "eu não posso", o problema está apenas aparentemente resolvido. Pois ocorrem outros e até piores. Por tudo isso, a Educação Antiautoritária, praticamente, desapareceu. Do ponto de vista do sentimento, com muito pouco "não" e "isso eu não posso fazer", nunca se desenvolve na criança, depois disso, o desejo de "poder fazer" o que ela não pode. "Não poder" forma, portanto, o caráter e a personalidade. A escassez cria a demanda, diz a economia de mercado, e o mesmo acontece em nosso interior. Quando uma criança pode tudo, ela tem muito pouca orientação neste mundo, não desenvolve nenhum anseio, não tem curiosidade, ou seja, não é mesmo feliz.

Resumo

Crianças precisam de limites. Quando as crianças "podem" muito pouco, isso fica fixado no sentimento e essa marca fica registrada até a idade adulta. No lugar do infantil "poder fazer algo com alegria", temos o "ter obrigação de": Você tem de ter um bom certificado, você tem de se esforçar muito para ganhar bem etc. Mas se eu somente sempre "tenho de", como fica o meu sentimento? Descontente! E alguma coisa que eu faça, segundo este tom de descontentamento, é capaz de aparecer para meu chefe como alegria? Não, pois isso seria contrariar o princípio da ressonância. Portanto, o meu "injusto" chefe só me retribui com o que já preexiste: descontentamento. E o que mais poderia ser?

Novos empreendimentos na nova era do sentimento

Quando pessoas começam — e nós já começamos — a perceber seus próprios sentimentos mais intensamente, elas também começam a tomar decisões, não só em termos pessoais, como também, em termos profissionais.

Dois diferentes cenários. Visualize-os em sua mente e preste atenção em como você se sente:

Família Habermeier construiu uma casa nova. O sr. e a sra. Habermeier ganham bem e conseguiram um empréstimo alto no banco. A casa é muito elegante. Todavia, nenhum dos dois pode perder o emprego, nem perder a disposição de trabalhar ou então trabalhar apenas meio expediente, senão, não podem pagar o empréstimo. Com toda certeza, a casa é formidável, mas os Habermeier, na verdade, pouco ficam em casa, pois, a maior parte do tempo, eles se encontram no trabalho.

A família Hubermüller construiu uma casa nova. O sr. e a sra. Hubermüller ganham bem e não fizeram nenhum empréstimo no banco. A casa é pequena, bonita e está paga. Ambos podem perder seus empregos. Os custos para manutenção da casa eles podem pagar com trabalhos simples. Sem nenhum problema, podem ficar sem disposição para trabalhar ou trabalhar apenas meio expediente, se quiserem, pois não precisam pagar empréstimo algum. Com toda a certeza, a casa não é formidável, mas os Hubermüller ficam muito pouco tempo em casa, na maioria das vezes, estão viajando de férias pelo mundo, com o tanto de dinheiro que lhes sobra.

E aí? O que você sentiu? Eu posso lhe dizer o que eu sinto e você pode comparar. Certamente você tem sentimentos totalmente diferentes dos meus, mas é curioso trocar ideias sobre o que se sente. A casa formidável com empréstimo alto levando em conta a condição de "ainda posso me dar ao luxo de" me provoca o sentimento de uma superficial necessidade de afirmação e o desejo de "não ficar para trás". Mas, ao mesmo tempo, nesse cenário, sinto-me frustrada e sob pressão. Eu tenho a impressão de que não poderei mais repensar minha vida nos próximos trinta anos. Tudo tem de continuar sendo como é, pois eu sou uma escrava do empréstimo.

A pequena casa totalmente livre de empréstimo, causa-me um sentimento de leveza, liberdade e verdadeiro luxo. Se eu quiser mesmo luxo, posso ir para o hotel mais caro desse mundo, até que me farte disso e, ainda assim, continuo sem precisar ultrapassar o meu limite de crédito por causa disso. Sou livre para sentir dentro de mim para onde a vida vai me levar da próxima vez. Tudo está em aberto, tudo é possível, pois eu sou independente.

Este é o futuro. Até agora não havíamos questionado o sistema. Nós pensávamos que tinha de ser assim, colocar caríssimos móveis de escritório em salas igualmente caras e, então, ter de pagar juros altos pelo empréstimo, caso contrário, nenhum cliente viria até nós. Nós simplesmente ignoramos se, nesse caso, sentimo-nos pressionados ou não. No fim das contas, isso era mesmo algo normal. Mas agora a maldita revista de motociclismo não mostra mais, em formato grande, a imagem da magnífica tinta metálica da motocicleta nem escreve o *PS* na linha do título, mas sim, a droga do caderno nos mostra o sentimento de liberdade, independência e amplidão em maravilhosas imagens em meio à natureza. Bem, o que ainda poderia alimentar meu interesse por status? Nada disso importa mais.

Sentir é o que eu quero e, por certo, a mim mesmo. Quando isso acontece no plano empresarial, comprar móveis caros nas principais ruas de comércio, pertence ao passado. Pelo menos até que eu possa mesmo me dar ao luxo de viver livre de empréstimos e de estresse. Antes disso, prefiro me instalar com meu carro de trabalho na beira da floresta e me divertir com clientes não-convencionais, com um certo prazer criativo no olhar. Quanto mais eu puder sentir a mim mesma, muito mais intensamente cresce a necessidade de me sentir bem. E esse "me sentir bem" é a síntese dos sentimentos de liberdade, independência, ausência de estresse, de pressão ou "aparência de se ser mais do que se é realmente".

Muhammad Yunus, fundador do banco Grameen, em Bangladesh, e detentor do Prêmio Nobel da Paz em 2006 (já escrevi sobre ele em outra oportunidade, mas para quem ainda não leu, há um texto em minha revista online gratuita, (www.baerbelmohr.de) tem uma taxa de reembolso (de empréstimos) de 98% nos tempos normais que, mesmo na época das inundações no país, ainda se mantém em 89%, ou seja, esse banco tem uma taxa de reembolso de 10%. Em 2000, Yunus já possuía um volume anual de negócios de meio bilhão de dólares. Sua receita de sucesso? Ele observou o que fazem os bancos normais e fez exatamente o contrário, em todos os aspectos!

Cada vez mais empresários vêm procedendo dessa forma. Há um novo espírito por trás disso tudo. Esses empresários querem simplesmente se sentir bem e dormir um sono tranquilo. Isso é muito mais importante do que grande prestígio ou alta posição social e todas as regras econômicas. Em algum momento, não se pode mais fazer nada de diferente, quando começamos, mais e mais, a sentir a nós mesmos. Como é de se esperar, chega o dia em que se sentir bem é mais interessante do que o volume de negócios "a qualquer preço".

E então acontece algo muito curioso; um criativo mestre artesão amigo nosso da cidade vizinha, contou-nos o seguinte: "Foi muito estranho. Em algum momento eu simplesmente não quis mais saber de clientes que só causam estresse e, ainda por cima, levam uma eternidade para me pagar. De alguma forma passei a reconhecer esses tipos de longe. Não me pergunte como, mas eles irradiam essas coisas. E eu sempre fico sabendo de antemão. E aí, claro, não tenho a mínima vontade de atendê-los. Pergunto a você, para que atendê-los? Só vou viver uma vez e passar manteiga, mais de uma vez, em cada fatia de pão eu também não preciso, eu tenho tudo. A partir de agora, eu os dispenso logo — desculpe, não tenho tempo, estou cheio de trabalho. Pois é, então aconteceu algo esquisito. De uma hora para outra, esse tipo de cliente desapareceu e outros vieram, como se isso tivesse se convertido em uma espécie de família espiritual, por eu ser alguém que não trabalha mais apenas pelo dinheiro, já que, sobretudo, o trabalho tem de me trazer alegria. De repente, passou até a sobrar mais dinheiro do que antes. Eu não entendo direito o que aconteceu, mas, em todo caso, só posso dizer que está tudo muito bem assim".

Ora, um relato do interior da Baviera alemã, portanto. Relatos semelhantes chegam até mim, vindos de Berlim, Frankfurt e Zürich. Para o novo homem voltado para o sentimento, já não lhe basta mais trabalhar só pelo dinheiro. E cada vez isso vai se intensificar mais e as pessoas, preferencialmente, farão negócios com aqueles que pensam de forma similar. E porque isso vai se intensificar cada vez mais, por conseguinte, o volume de negócios pode até mesmo aumentar.

Resumo

Quem sente mais a si mesmo modifica suas exigências.

De repente, alguém gostaria de se sentir igualmente bem no trabalho e isso vem a se tornar, gradualmente, mais importante que o volume de negócios, que o status e que as aparências. E então acontece algo geralmente espantoso: em vez do volume de negócios diminuir quando se tem tal postura interior, para muitas pessoas, ele até mesmo aumenta. Pois há cada vez mais pessoas para as quais o sentimento de bem-estar no trabalho é mais importante e que desejam trabalhar somente com pessoas que pensem da mesma forma!

Os últimos serão os primeiros

Talvez você diga agora que deseja seguir carreira para atingir postos bastante elevados; de vez em quando, é assim que você se sente. Mas também pode ser que carreira não tenha tanto significado para você, mas sim, simplesmente achar lamentável o fato de sempre se sentir "o último", embora quisesse poder se sentir, pelo menos uma vez, grande como "o primeiro". Ou então você gostaria de viver inteiramente os lados mais nobres de seu caráter e, então, praticamente se sentir "o primeiro". Haveria algum truque para tanto no plano do sentimento? Sim! E ele diz o seguinte: Os últimos serão os primeiros.

Antes de tudo, para ser o que eu quero, tenho de ter experienciado o oposto disso, de modo que eu possa *ser* realmente. Não posso sentir exatamente o que é "quietude", se me falta a experiência do "barulho". O meu julgamento a respeito da ligação sentimental com os outros é muito limitado, se nunca estive só anteriormente. Sou capaz de apreciar muito mais o sossego da vida no interior, se já vivi muito tempo na balbúrdia de uma cidade grande. O contrário também pode acontecer, ou seja, que o sossego do interior venha a me deprimir e que eu passe a curtir a "multidão" da cidade grande. De uma maneira ou de outra, um sentimento se intensifica, quando eu conheço o seu oposto.

Da mesma forma, é bem mais fácil que me sinta "o primeiro", do momento que já conheço o sentimento de ser "o último" e, mesmo assim, posso aceitar a mim mesmo do jeito que sou. Eu tenho sempre de ter em mente que eu também posso ser o último, pois, do contrário, provavelmente, muito em breve, começarei a me sentir inseguro no primeiro lugar do pódio. Por quê? Imagine uma pessoa que tenha complexo de inferioridade, que reage com pânico a rejeições e ao sentimento de "ficar para trás". Essa pessoa se torna, então, um *popstar*. Na minha juventude, eu (Bärbel), trabalhei nesse meio como assistente de fotografia e ainda me lembro de algumas pessoas assim, mas isso existe em qualquer meio profissional. O *popstar* que acaba de surgir fica louco de tão entusiasmado. Finalmente recebe toda a atenção e toda a reverência que sempre quis. Mas ele também fica em pânico por causa disso. Nada pode acabar, nada mais pode ser como antes, jamais poderá cair de tão alto degrau.

Contudo, todos nós sabemos, hoje em dia, quanto tempo a maioria dos *hits* duram, ou seja, não muito... No máximo, a carreira se desenvolve bem, durante uns cinco anos e, depois disso, ninguém fala mais no assunto. Por esse motivo, muitos até cometem suicídio. Uma pessoa assim, toma decisões erradas devido a seu medo da derrocada, pois a intuição simplesmente não funciona mais, quando se encontra sob influência do medo. Veja em *Gehirnforschung* — Investigações Sobre o Cérebro[22]. Alguém assim, na dúvida, toma para si ofertas de trabalho injustas, ruins e desonestas, só para não ficar fora da vitrine da fama. Há todo o tipo de gente no *Showbusiness*. Há *stars* que não se rebaixam. Ou as coisas andam como elas acham que é certo, ou nada feito. Uma pessoa assim nem liga, dá de ombros mesmo para contratos ou convites ruins e diz: "Não vai dar. É melhor ficar em casa, na minha fazenda. Nós até podemos continuar trabalhando juntos, mas somente se as condições de trabalho forem justas".

---

[22] Livro do prof. Spitzer (Universidade de Ulm), ou então, em *Warum ich fühle, was du fühlst* (Por Que Eu Sinto o Que Você Sente?), de Joachim Bauer (Universidade de Freiburg — tema Neurônios-Espelho) ou, ainda, em *Intelligente zellen* (A Biologia da Crença), de Bruce Lipton.

A diferença já se sente assim que se inicia a leitura de uma proposta de trabalho. Um consegue se arranjar confortavelmente num status social mais baixo e o outro não pode, de maneira alguma. Motivo: quanto mais você conseguir penetrar o sentimento de ser "o último", quanto mais você puder vivenciar isso, totalmente, até que, novamente, aproxime-me da alegria, estará muito mais perto ápice — se se orienta para ele, claro. Pode ser que você conheça o ditado alemão: *Und ist der Ruf erst ruiniert, lebt's frei und ungeniert* (Com a reputação arruinada, vive-se livre e sem cerimônia). Contudo, não se deve ficar se lamentando por esse sentimento, mas sim, vivê-lo até o fim para que, em vez disso, ele possa servir de novo solo fértil da força e da experiência.

Muito semelhantemente se sentem as pessoas que, à margem da ruína, lutam, durante anos, para manter seu negócio, totalmente em pânico, por temerem a falência. E quando a falência finalmente chega, isso é para muitos, um grande alívio, porque tudo já passou e sobraram alguns poucos valores terrenos.

Em alguns países, não raro, pessoas (ainda jovens e não-reincidentes) que foram à falência, são bem-vindas no mercado de trabalho como gerentes. Por quê? Porque a experiência da bancarrota as enriquece. Elas conhecem o sentimento de estar "muito por baixo" e ele lhes concede clareza e serenidade que, numa segunda oportunidade, conferem-lhe uma preciosa estabilidade emocional e uma boa intuição. Agora eles já sabem o que acontece.

Naturalmente também há pessoas que não aprendem nada com isso. Mas, observe-as exatamente, talvez jamais tenham aceitado a falência no plano do sentimento, lutando até hoje contra ela e, com isso, reprimindo seus próprios erros. Assim sendo, só uma única coisa pode acontecer: elas reincidirão nos erros e a falência vai se repetir. Fortes são apenas aquelas que passaram por isso, através do sentimento.

Portanto, se você quiser ser "o primeiro" em alguma coisa, então não corra das experiências de ser "o último" e sim desfrute bastante do fato de ser "o último", ame a si mesmo também nessa situação. Faça como em nosso "exercício do rolo de grama": Estufe o peito, abra seu coração, penetre no sentimento e, no papel de observador, diga: "Olá, sentimento, quem é você? Mostre-se. Você pode existir, eu o aceito". Mesmo na condição de "ser o último", de alguma maneira, o céu se abre novamente por trás das nuvens de sentimentos temerosos, do momento que os esgotamos, que os sentimos até o fim. O céu aqui passa a ser de clara tranquilidade e amor-próprio, mesmo que, nesse momento, sejamos "o último". Imagine, você começa a sua escalada com esse sentimento e chega até o topo. Não importa que topo. E imagine, também, que venha até você alguém que faça negócios escusos e tomando por base a clara tranquilidade, o amor-próprio e um lugar seguro "no chão", o sossego lhe é roubado. Você sabe que pode retornar a esse lugar seguro a qualquer momento e que também é bom poder estar ali. E porque ali também é bom e não há nada a temer, você, da mesma forma, pode ficar bem lá em cima e olhar, com toda a calma, todos os que entram em pânico e caem em série agarrando-se ao topo porque temem a ruína.

Na maioria dos *Seminários de Alegria de Viver*, temos um treinador como convidado, o já antes mencionado Dieter M. Hörner. Ele é treinador há mais de vinte anos e faz apresentações-surpresa, tanto em meus seminários quanto nos de Manfred. Quando ele era jovem, houve um tempo em que seus negócios assumiram um volume de 100 milhões de francos suíços. Isso aconteceu rápida e inesperadamente. Ele ainda não conhecia o sentimento de ser o último. Ele entrou em pânico, por não saber se teria condições de lidar com tudo aquilo, tomou muitas decisões erradas e entrou em falência total. Espantoso descer assim de tão alto?

Depois disso, ele ficou mesmo "no chão". Mas se levantou novamente marchando rumo ao topo, onde, por certo, chegou mesmo. Ele faz mais ou menos o gênero do "selvagem da motocicleta" e alguns participantes ficam impressionados quando o veem pela primeira vez. E assim que ele começa a falar, logo após alguns minutos, sentem a força da experiência vivida e é simplesmente incrível tudo o que as pessoas lhe segredam. Elas sentem essa força e essa tranquilidade e, imediatamente, passam a ter mais confiança em si mesmas quando o conhecem.

Talvez você não queira seguir uma carreira, mas apenas ser como pessoa, um diamante lapidado. Então, para isso, você também precisa, em primeiro lugar, da experiência do contrário, para saber como é isso. A esse respeito, Manfred tomou como obrigação o curso Nada me Envergonha. Eis o seu relato: *Pelo fato de a ideia de ser "o último" ser algo absolutamente difícil para mim, embora eu reconheça sua utilidade, cheguei a um acordo comigo mesmo — nada me envergonha! Contudo, tenho de confessar agora minha honestidade "parcial", pois isso não foi ideia minha e sim "o cursinho para alcançar a criança interior" é ideia de um querido amigo meu, o Eyk.* O curso é muito simples e se dá da seguinte forma: todas as vezes na vida em que me encontrar diante da tarefa de "poder fazer" alguma coisa ou até mesmo de "ter obrigação de fazer" algo que, na verdade, seja desagradável, eu digo a mim mesmo: Nada me envergonha! E simplesmente faço. Em algum momento isso se torna hábito. Pode ser uma palestra, uma apresentação no palco, roupas extravagantes etc. Eu me lembro muito bem da minha apresentação no *Ashram*[23] de Sri Bala Sai Baba (não confundir com Sri Sathya Sai Baba), quando o guru desejou alguma diversão e todas as pessoas ficaram embaraçadas, olhando de lado. Como eu, obviamente, de acordo com o meu curso, olhei ao meu redor, amistosa e sorridentemente, fui logo convidado para fazer a "dança das cobras" com duas beldades — claro que sem treinar e, lógico, com uma cobra de pano. Desde esse dia, passei a ser conhecido no *Ashram* como "mr. Sneak" e o guru adorou isso.

Depois do curso já mencionado, Nada me Envergonha, comecei a me ver em confronto com o "ser o último", quer dizer, ser o mais estúpido, o mais bobo e aquele que se entrega a qualquer besteira. Aliás, os outros, se tiverem satisfação com isso, podem mesmo rir de mim. Fazendo essas experiências comigo mesmo, percebo sempre, no âmago do meu ser, o sentimento de ser diminuído, ridicularizado e considerado "o último". Com isso, confronto-me com o julgamento do meu próprio ego observador e é claro que ele considera isso insuportável. As sensações são mesmo vergonha e desonra. Mas todas às vezes ainda sinto uma força completamente diferente, que avança crescendo. Quanto mais eu diminuo o meu ego, muito mais me aventuro no oposto. O corpo emocional é, também, um corpo de opostos e, quanto mais eu puder trazer a minha "desonra" para a Terra, muito mais o meu sucesso terá a chance de se manifestar! Vocês não acreditam? Experimentem! Esse é um curso aberto e todos podem participar. Claro que também não precisa logo ser

---

23 N. T.: na antiga Índia, esse era o termo usado para designar um eremitério hindu onde viviam os sábios. Atualmente, emprega-se o termo para designar uma comunidade — formada intencionalmente — que visa promover a evolução espiritual de seus membros, sob orientação de um místico ou líder religioso.

uma dança de tanguinha preta em cima da mesa, como nosso amigo Paulus, há não muito tempo, "celebrou" diante de cinquenta pessoas. Meus respeitos, Paulus!

Resumo

...Portanto, os últimos serão os primeiros,
porque eles não têm nada a temer,
porque eles são estáveis,
porque eles têm grande estima pelo sentimento de "ser o primeiro",
porque eles são tranquilos e
porque eles podem confiar em sua intuição sem temor algum!

Sentindo mais saúde física

    Você sabia que nos círculos espirituais não se diz mais "saúde" quando alguém espirra? Isso está totalmente *out*, porque gera, automaticamente, o sentimento de que saúde é o que exatamente está faltando para alguém. Quando uma pessoa espirra muito e sempre escuta "saúde, saúde, enfim fiquem bem" é muito gentil, mas do ponto de vista emocional, não é algo muito prazeroso. Em todo o caso, se alguém espirrar, a nova "senha" é "continue saudável!", porque soa melhor ao coração. Experimente fazer assim. Pelo menos para mim o sentimento é melhor e eu, no momento, programo-me para dizer mesmo "continue saudável!", se alguém, em algum lugar, espirra fortemente.

    A saúde tem muito a ver com o sentimento básico de vida. E, segundo a concepção dos curandeiros modernos, pode se tornar cada vez mais leve o desejo por ela. Há algumas décadas, nós ainda nos encontrávamos num profundo estado de hibernação da consciência e num sentimento básico de vida pesado demais. Mas agora chegou o despertar da primavera e, cada vez mais borboletas e leveza se fazem presentes na vida sentimental. Não faz mais qualquer sentido sair por aí, em plena primavera, com uma picareta de gelo na mão e se torturar fazendo "*striptease* da alma" em terapias. Terapias suaves que estimulam o redescobrimento da beleza dentro de nós mesmos, em vez de remexer antigos e eternos complexos é o que há de mais razoável hoje em dia. Isso não significa, de maneira nenhuma, a exclusão de nosso lado sombrio, mas o contrário, ou seja, saber reconhecê-lo, aceitá-lo e integrá-lo novamente em vez de reprimi-lo, por puro medo de "dedos em riste": "Nossa, como você é malvado, só o bem pode existir em uma pessoa...".

Como ser humano eu tenho, obviamente, um lado obscuro e é algo bastante sensato saber reconhecê-lo, porque senão ele adquire importância demais através de arrebatamentos sem controle. O mesmo ocorre em relação aos sentimentos reprimidos. Quanto mais me torno consciente acerca de todas as minhas facetas, mais livre eu sou para fazer a escolha de quem eu quero ser realmente. Só quando eu sei da burrice que existe em mim, é possível priorizar a sabedoria. E para fazer isso, com certeza, não preciso de qualquer sentimento de culpa devido ao meu lado obscuro, muito menos dedos em riste ou métodos agressivos para ter consciência disso. Ser gentil para consigo mesmo não só é permitido, é, essencialmente, uma concepção de cura!

A propósito, isso me lembra o livro de Thomas Klüh (www.thomasklueh.de), *Mein weg zum glück* (Meu Caminho Para a Felicidade). Thomas relata que o ser humano tem três centros de felicidade no cérebro: um centro para os sentimentos de ligação emocional, um para o prazer e um para o desejo (desejo por alguma coisa, desejo de fazer alguma coisa). Isso esclarece por que nossos seminários (tanto os meus quanto os de Thomas) que, na verdade, servem para estimular a intuição, a estruturação consciente da realidade e o "ser feliz" com mais frequência, parecem também proporcionar estabilidade à saúde. Participantes habituais de meus seminários já me deram esse *feedback* várias vezes. Quanto mais sentem na vida o prazer, a alegria, o desejo e a sensação de "pertencer a", mais saudáveis se tornam.

Isso também mostra o quanto se interdependem a saúde emocional e a física e que, tornar-se e permanecer saudável se deve a um processo de autoexperimentação e de realização de necessidades humanas básicas: conexão emocional, proximidade, alegria por existir etc. Isso sem falar no mais importante de tudo: a ligação interior com a força elementar universal que há dentro de nós.

Portanto, um curandeiro é melhor se conseguir estimular o cliente a se religar à força elementar. É isso que, na verdade, o corpo e a alma procuram. Uma cura espontânea é como se a alma, de repente, descobrisse: "Ei! Força elementar, você ainda está aí? Também posso estar conectada a você, enquanto ainda possuo o meu corpo terreno? Ah, então, tudo bem! *Lá, lá, lá*, vou ficar saudável!".

Gostaria de citar um relato sobre um empresário de classe média, do qual tomei conhecimento por meio de alguns conhecidos: "Eu trabalho normalmente sessenta horas por semana ou mais. Às vezes, vou à exaustão, mas tem de ser assim. O plano orçamentário da empresa não permite a contratação de outros funcionários no momento e, se eu informei prazos aos meus clientes, naturalmente quero cumpri-los, portanto, eu mesmo tenho de 'colocar a mão na massa'. Às vezes sinto que vou entrar em colapso. E, então, faço uma coisa que, na verdade, já conheço bem: eu me sento quieto por alguns instantes e falo gentilmente com as células do meu corpo. Sei, são muitos trilhões de células e eu imagino que esses trilhões de células me ouvem como numa reunião de negócios. 'Caras células, eu sei que vocês precisam de energia para se regenerar. Também sei que dormir é apenas uma das possibilidades para *recarregar* as energias. Por certo, sei bem que vocês todas são princípios divinos e que, na verdade, de uma maneira ou de outra, todas as energias só vêm mesmo daí. Por favor, abram-se neste instante para a força universal e recarreguem-se ali. Eu lhes peço para que se recarreguem tanto, como se tivessem dormido por dez horas, passeado durante três horas pelo campo e, depois, ainda tivessem lanchado. Eu lhes prometo que, no fim de semana, farei essa recarga fisicamente, dormindo, passeando e tomando suco natural de frutas. Por favor, apóiem-me ainda, durante três dias (ou quantos dias forem necessários)'".

O empresário diz: "Às vezes, tenho de fazer isso só por cinco minutos e, então, já me sinto revigorado e bem-disposto para produzir. Mas sofro de malditos problemas digestivos e dores nos joelhos. Há algumas semanas perguntei a mim mesmo se sou realmente um imbecil. Eu acho normal, funciona sempre, depois de cinco minutos me sinto muito bem, como se tivesse dormido por dez horas. Pensei, e então, por que eu simplesmente não gero uma energia que regule o meu sistema digestivo e "conserte" o joelho ou qualquer que seja a causa das dores?".

Esse senhor experimentou fazer isso e jurou que, desde então, joelho e sistema digestivo estão melhores. Seu segredo? **Você tem de saber sentir isso!** Você tem de tomar as células como sendo personalidades e estimá-las. Você tem de se conscientizar de que elas fazem de tudo por você e, portanto, deve lhes dar valor! E depois virá o tempo em que você fará tudo o que seu corpo lhe pede e, assim, as células também estarão do seu lado, quando você precisar de sua máxima ação.

Na Alemanha, foi lançado (2006) o livro do biólogo celular, Bruce Lipton, *Intelligente zellen* (A Biologia da Crença). Ele chegou à mesma conclusão, de que toda célula do corpo possui inteligência própria e que é possível a comunicação com as próprias células. De acordo com Lipton, o homem é uma espécie de "aglomerado" de inúmeras pequenas unidades de consciência isoladas. E a parte que você percebe como sendo o *EU* é o "chefe" dessas unidades de consciência. Quando você dá os comandos:

• Todas as células agora "online" com a força elementar universal.

• Força elementar, favor "recarregar" e restabelecer a harmonia natural (segundo Einstein, tudo o que é vivo tende à harmonia, se a permitimos), então, todas as células se conectam, de fato, com o Universo e otimizam sua energia e seu estado de saúde. Isso funciona sim, mesmo que seja apenas uma maneira de pensar, mas quando você envia a mensagem para suas células, em forma de sentimento positivo, nisso, você pode contar com um verdadeiro "propulsor" de reforço. Até aonde isso pode ir? O que é possível se atingir com isso? Leia o exemplo de Walter Russel no próximo capítulo. O que nós acreditamos se torna a nossa realidade. O aperfeiçoamento gradual de nossa crença só depende de nós.

Resumo

Quanto mais nos sentimos ligados à força elementar (sentir, não pensar), mais saudáveis nos tornamos.

O AMOR É A FORÇA MAIS INTENSA NO UNIVERSO

Muitas vezes, não se tem a impressão de que o amor seja mesmo mais forte do que o ódio e o medo. O motivo pode simplesmente residir no fato de que, em momentos assim, não se consegue realmente manter aberto o canal para a energia do amor.

A exemplo disso, tomemos duas histórias, uma bem singela e outra bem mais "sofisticada".

Eu havia feito sorvete de morango caseiro para meus filhos usando folhas de estévia (que são extremamente doces), em vez de açúcar, e morangos orgânicos. As crianças tomavam o sorvete acompanhadas de uma amiguinha vizinha enquanto eu cortava a grama. A amiguinha (que tinha a mesma idade dos meus gêmeos) achou que o sorvete era muito duro e, como ela era uma senhorita muito enérgica, decidiu brigar comigo e disse a meus filhos o que tinha em mente, marchando, então, diretamente em minha direção, no jardim, para concretizar o que dissera. Meus pequenininhos ficaram chocados. *Ela não pode brigar com nossa mãe, coitada da mamãe.* E, sobressaltados, correram atrás dela. De longe (quer dizer, relativamente longe, nosso jardim é pequeno, na verdade), eles já gritavam para mim: "Mamãe, eu amo você!" e "mamãe eu também amo você!". Com isso, eles já queriam me consolar de antemão, para que eu não ficasse triste, já que estava prestes a ouvir os "insultos" da menininha.

A amiguinha, que é mesmo muito dura, ficou parada, completamente perplexa. Embora eu ainda nem soubesse direito o que estava acontecendo, pude perceber que os brados dos meus filhos funcionaram como um vento que mudou a rota da menina em seu passeio. Ela ficou imóvel por um instante, virou-se e foi para casa, para junto de sua mãe. Aí meus filhos, bastante tensos, contaram-me o que havia acontecido, que ela iria brigar comigo e eles não queriam me ver triste.

Uma semana mais tarde, eles ainda falavam sobre esse episódio do sorvete. Um dos meus filhos me perguntou, numa noite, antes de dormir: "Mamãe, por que minha amiguinha saiu correndo quando nós dissemos que amávamos você?". "Porque vocês irradiaram amor demais. E quando é assim, 'insultar' não funciona; e ela percebeu isso", tentei explicar. Quando o amor é realmente claro e puro e atinge o outro, então, todos os propósitos de guerra se dissipam por si sós.

Um problema em relação ao amor seria: como podemos comunicá-lo, de maneira que ele possa atingir o outro? Bem, esse foi um exemplo muito singelo a respeito da força do amor. Passemos agora a um grande exemplo, do gênio universal Walter Russel (1875-1963)[24]:

"*'Aos quatorze anos adoeci de Difteria Negra, uma doença idêntica à peste negra. A colheita de material da minha garganta empreteou tanto a lâmina que os três médicos que tratavam de mim disseram que seria impossível que eu sobrevivesse, pois a função da minha garganta ficaria destruída. Pouco tempo depois, os médicos já me declararam como morto. Os agentes funerários já haviam chegado. Eu não tinha consciência de meu corpo, nenhuma mesmo, mas, naquele estado, fui tomado por um grande êxtase, provocado pela luz onisciente do amor e, então, para surpresa de meus pais, que estavam aos prantos, eu me levantei da cama completamente curado. Um novo exame da minha garganta revelou um tecido totalmente normal, sadio, e meu corpo enfraquecido, estava novamente forte, vivaz.'*

---

24 Do livro *Die botschaft der göttlichen iliade, buch der heilung* (A Divina Ilíada), pág. 273, com autorização da Editora Genius, www.genius-verlag.de/genius — contact@genius-verlag.de

Essa história esclarece, juntamente com os princípios antes mencionados, o fato de que o equilíbrio completo, que o homem só pode atingir por meio da inteira consciência da unidade de Deus e do homem, qualquer pessoa que for iluminada dessa maneira, torna-se mestre da onda elétrica, da qual é feito seu corpo."

Algo assim acontece, curiosamente, com bastante frequência, no limiar entre a morte e a vida. Também o famoso clarividente, Josef Mc Moneagle, que trabalhou durante décadas para a força de espionagem americana, exercendo sua mediunidade para diversas coisas, dentre elas, indicar o paradeiro de pessoas desaparecidas, possuía essa capacidade de, de repente, sair ileso, após a experiência de quase-morte. Tanto uma amiga minha quanto meu próprio marido foram surpreendidos pela capacidade de cura espiritual, justamente quando estavam à beira da morte. Vários curandeiros que conheci ao longo da vida, descobriram ou ampliaram muito suas capacidades no momento em que eles mesmos estavam doentes.

Creio que a Teoria dos Opostos possa ser confirmada nesses fenômenos que temos de experienciar para podermos ser ou viver algo inteiramente. E, para poder passar pela experiência do amor puro e sua infindável força curadora, possivelmente eu tenha de conhecer o contrário disso, ou seja, a morte. "Mas isso é horrível", talvez você pense. "Claro que eu quero desenvolver minha própria força curadora e o amor puro em mim, mas será que não podemos nos poupar da experiência de quase-morte?". Penso que sim. E, particularmente, por meio da vivência total do sentimento, sobretudo, o de estar separado e de coração aberto. Qual é a máxima separação que posso imaginar na minha vida? Quando você, de coração aberto, sente, à exaustão, esse sentimento de separação, em todos os níveis, você atribui a Walter Russel essa espantosa energia curadora e transformadora: um grande êxtase pela luz onisciente do amor!

Isso se parece um pouquinho com o símbolo Yin-Yang. Quando você, por exemplo, penetra a total energia do Yin, no ápice, ela se transforma em Yang. Ou então: por trás das nuvens, o céu é sempre azul. Quanto mais você se aprofundar na experiência de nuvem, mais intensivamente, no fim de tudo, vivenciará o azul do céu. Sendo assim, não precisará nunca se questionar, se é totalmente doido, por ficar sempre acumulando tantos problemas na vida. Quem sabe você faça isso tudo só para poder vivenciar por trás do mais intenso *flash*, como é o seu retorno à unidade.

É como a pessoa que, por causa de uma alergia alimentícia, ao longo de dois meses, só pode se alimentar de arroz sem tempero e nada mais. Quando ela, depois de tanto tempo, pode experimentar uma gota de molho de tomate, provavelmente, a vivência do gosto dessa gotinha de molho de tomate passe a ser um dos mais felizes e impressionantes momentos de sua vida.

Talvez você, pelo menos de vez em quando, também faça "dieta de felicidade", para, depois, poder desfrutar a felicidade com sentidos bem apurados e percepção diferenciada. Portanto, não há qualquer razão para "brigar" consigo mesmo por causa disso. Você pode simplesmente decidir parar de novo com a "dieta de felicidade" ou com o sentimento de estar separado. Tome agora sua primeira colherada de molho de tomate cósmico, de modo que deposite, gradualmente, toda a sua atenção nos sentimentos felizes, com o auxílio de todos os exercícios que, até agora, já apresentamos neste livro.

O capítulo poderia terminar aqui. Mas eu não gostaria de fechá-lo, sem antes mencionar que você, diante de todos os desafios e problemas do cotidiano, também pode abrir seu coração a eles e conceder-lhes todo o seu amor. Sei, isso parece mesmo absurdo, mas eleva todos esses problemas a um nível completamente diferente e os transforma, do mesmo jeito, até que se tornem positivos e inofensivos, assim como transformam os sentimentos no exercício a seguir:

"Caro problema, já que você está aí, não quero perder a oportunidade de lhe dizer que é muito bem-vindo. Com toda gratidão, acolho a dádiva que há em você."

"Caro problema, eu lhe agradeço."

"Caro problema, como vai você? O que posso fazer por você?"

Você não pode sequer imaginar o potencial criativo e a força sem limites que fluem em você quando lida com problemas dessa maneira e de coração aberto. É necessário que os tenhamos experimentado, para poder entendê-los. E, então, podem acontecer milagres. Pequenos e grandes milagres.

"Caro problema, eu lhe agradeço!"

Resumo

O amor é a maior força do Universo. Ela também é capaz de transformar os sentimentos "desagradavelmente bons". Se você, de coração aberto, vivencia inteiramente um sentimento de total separação em todos os níveis, até que ele se esgote, de repente, pode se ver em meio a um sentimento de felicidade novamente. Você pode abrir seu coração para todos os problemas que aparecem no dia-a-dia e oferecer-lhes todo o seu amor. "Caro problema, já que você está aí, não quero perder a oportunidade de lhe dizer que é muito bem-vindo. Com toda gratidão, acolho a dádiva que há em você."

Desejos de paz mundial e Cia.

Se pensamentos e sentimentos repetidos criam a realidade, qual realidade criamos quando, logo pela manhã, já iniciamos o dia, lendo as mais novas notícias sobre guerras, terrorismo e catástrofes? E à noite, ao terminarmos o dia, vemos as mesmas notícias na televisão, antes de começarmos a assistir um filme policial? A energia decorre após a atenção. Que tipo de energia você deseja enviar ao mundo?

Comece e termine o dia com pensamentos positivos para o mundo. Com isso, você não pode suspender o livre-arbítrio das outras pessoas nem obrigá-las, em pensamento, a viver do modo que você consideraria correto, mas pode transformar o seu mundo particular e, assim, assumir a responsabilidade sobre aquilo para o que você quer contribuir no mundo, no que concerne ao campo dos pensamentos e às qualidades de sentimentos. Lembre-se: Tudo está ligado a tudo. Você pode ser uma gota d'água no oceano com esses seus pensamentos. Mas não é melhor querer ser uma gota d'água pura, clara, apreciadora da beleza do que uma gota que leva mais impureza ainda para o Todo?

Dirija sua atenção para as pequenas e grandes belezas do mundo e envie a ele o seu amor e a sua gratidão por tudo isso. Compraza-se nos sentimentos positivos oriundos da alegria pela beleza do mundo. Com isso, você planta sementes bem diferentes daquelas repletas de preocupações permanentes com o mundo, de manhã até a noite. Em pequena escala, você consegue modificar as coisas negativas que vêm ao seu encontro, nesse mundo, em positivas e, em grande medida, você contagia as outras pessoas com isso e nós ganhamos um mundo onde o campo comum do pensamento gera novas soluções, novos métodos, novas ideias e nova consciência.

A quantas anda a paz mundial?

A esse respeito, eu tenho muitas ideias a reconsiderar. Uma delas reside na questão: se desejamos paz mundial por medo da guerra ou por que gostaríamos, simplesmente, de viver em paz. Se for o primeiro caso, se o medo da guerra se esconde dentro de nós, então, medo é o sentimento que emitimos ao mundo e, na verdade, acabamos concedendo à guerra a nossa energia, pois energia decorre da atenção. No segundo caso, se eu, de modo muito pessoal, gostaria de viver em paz, então, devo encomendar/desejar/visualizar/ isso assim: "Eu gosto de viver em paz, desfruto da paz em qualquer lugar que a encontre". Neste caso, direciono a minha atenção para a paz e, por conseguinte, para o que quero gerar.

O que algo assim pode modificar? O curandeiro neozelandês Clif Sanderson me falou sobre ilhas que ele visitou e que são tão planas que chegam a ficar cinco meses debaixo d'água, após a passagem de ciclones. No entanto, há milênios existem habitantes vivendo nessas ilhas. Como eles conseguem? Clif perguntou a eles e a resposta foi que eles observam a natureza. Eles podem reconhecer na vegetação, num espaço de seis meses, em que época um ciclone virá e, então, pegam suas coisas e procuram outra ilha onde tais sinais não estejam presentes de modo algum. E lá ficam vivendo e esperam, até que o ciclone se despeça da outra ilha. Realmente isso sempre funciona, senão, há tempos essas tribos já estariam extintas[25].

---

25 Clif relatou esse caso em seu livro *Knowing nothig, living happy*, que pode ser adquirido, via internet, pelo site www.intention-in-action.com. O livro só existe em inglês e Clif não domina outros idiomas.

O método havaiano de meditação para a paz

Ho'oponopono é uma técnica de cura havaiana. Ela compreende diversos procedimentos e um deles é o de se curar tudo no mundo com que você se sinta mal.

Os antigos havaianos compreendem que nós temos inteira responsabilidade sobre tudo o que existe. Isso vale também para ataques terroristas, situação política e econômica, assim como para o comportamento de nossos parentes mais próximos e nossos conhecidos. Pois todas essas coisas não existem verdadeiramente e sim apenas como projeção de nosso interior. **Por tudo isso, o problema não está no outro, ele está em nós mesmos**. Porque o mundo inteiro é nossa própria criação! Tudo o que aparece no meu mundo é minha criação, do contrário, não apareceria no meu mundo. Mas diante dessa ideia, nós não estamos impotentes, ao contrário, tudo o que percebemos e não gostamos, quer ser curado por nós.

Mas como podemos fazer isso no mundo inteiro? Segundo a técnica *Ho'oponopono*, é algo incrivelmente fácil. Vamos dar um exemplo: uma pessoa tem um problema e nós desejamos cura para ela ou que o problema seja solucionado de forma positiva. Daí pensamos como seria se tivéssemos esse problema. Com que problema, em nosso interior, poderíamos ter gerado esse agora? Quando chegamos a uma imagem ou um sentimento a esse respeito, ou seja, o que poderia ter gerado esse problema, então somos capazes de curar essa porção em nós mesmos, com essas simples frases: "Eu sinto muito" e "Eu a amo". Isso soa como algo simplório demais para ter algum efeito, mas é preciso que se tenha experimentado para se poder saber como isso pode ser poderoso. Há relatos de que até mesmo pacientes com distúrbios mentais tenham sido curados sem que o médico que os atendia tivesse estado com eles.

Ele apenas revisou seus arquivos e procurou dentro de si mesmo o que ele poderia ter feito para que um problema assim fosse gerado, caso ele fosse o paciente. E isso ele curou então, com as frases: "Eu sinto muito" e "Eu a amo".

O que eu achei de mais genial nisso tudo é que ninguém se intromete no livre-arbítrio dos outros. Não se envia energia curativa nem o que quer que seja para ninguém sem que isso seja desejado, mas sim cura-se em si mesmo, a ressonância do que diz respeito a esse problema. E quando isso acontece e a alma da outra pessoa está de acordo, então, "ela vê a cura" e, portanto, cura a si mesma.

Se você envia luz e amor a um colega de trabalho agressivo, na esperança de que ele se torne mais agradável, ele muito provavelmente se torna selvagem como o demônio caso perceba sua intenção, pois ele não quer a sua energia. Mas na técnica *Ho'oponopono,* você não envia NADA a ele. Você só imagina: "Se eu fosse como ele — Por que eu seria assim?". E essa parte você cura com "Eu sinto muito" e "Eu o amo". Experimente fazer isso. Mesmo que a tal pessoa não se modifique nunca, a sua postura em relação a ela se modifica. Em vez de nutrir raiva e ter medo dela, em vez de ficar estressado e tenso sempre que topar com ela no corredor, você passa a sentir, de uma hora para outra, compreensão e compaixão, porque você agora pode entender o motivo por ela ser como é. Desse modo, você extinguiu a ressonância em relação a esse problema dentro de si mesmo e ainda verá que nada disso o atinge mais. Só isso já vale ouro. Mas quando tudo funciona de forma ideal, até o próprio colega se modifica. Por vezes, inteiramente, por vezes ao menos em relação a você.

O relato sobre essa técnica de cura eu recebi, um dia, por e-mail, e, imediatamente, encaminhei-o a pessoas de meu círculo de amizade, e isso gerou uma onda de experimentação. Os maiores sucessos foram paz imediata (em apenas um dia) entre um casal separado que, até aquele dia, brigava demais, na ocasião das visitas aos filhos. Depois, bastante entusiasmados, experimentaram fazer o mesmo com a "sogra", com quem já haviam se estressado muito. Do mesmo modo, imediatamente, o estresse se transformou em compaixão compreensiva. A "sogra" sentiu a vibração diferente e reagiu, igualmente, de maneira afável.

Contudo — e isso eu acho importante dizer — não é sempre que se pode conhecer a motivação do outro, porque ele é ou deixa de ser assim, por meio dessa técnica. Isso só se pode saber quando a própria pessoa se coloca em ressonância com o comportamento. Onde antes se pensava: "Só um louco se comporta assim, isso é algo totalmente irracional", há agora lugar para a compreensão: "Eu posso imaginar que quando alguém se sente assim, é simplesmente por não saber o que é o melhor a ser feito". **É um grande alívio quando não somos mais obrigados a enxergar o outro de forma negativa, mas podermos observá-lo sob a ótica da compaixão!**

Manfred ligou logo para Waliha Cometti para contar sobre a técnica. O comentário dela: "Se simplesmente faço como se não houvesse nada em mim, eu reforço isso no exterior. Com essa técnica, mantenho-me fiel à verdade e, só então, posso dissipar o que me desagrada".

Com toda a honestidade, preciso dizer que compreendi isso prontamente. Eu tive de me lembrar de um antigo colega de trabalho que era sempre muito submisso. Naquele tempo, precisei resistir muito para não dominá-lo pavorosamente. Por trás da submissão, escondiam-se profundas frustrações e agressões, que ele, simplesmente, não admitia para si mesmo. Dessa maneira, ele obrigava as pessoas ao seu redor a refletir o que se passava com ele. Na empresa inteira, os funcionários eram ríspidos com ele, apesar de ele ser sempre tão zeloso e atenciosamente submisso para com todos em seu trabalho. Se ele tivesse, de coração, o desejo de servir a todos e tornar seus dias de trabalho mais leves, a energia seria completamente diferente e todos nós teríamos apreciado isso.

Este é um exercício fantástico: teste a "técnica-*Hoop*" num tipo de pessoa assim. Imagine que você, submisso, de cabeça baixa e com uma voz arrependida e devota, se dirigisse a um grupo de pessoas. Por que você faria isso? O que o move, o que se passa com você?

Eu faria isso porque gostaria de fazer o papel de "pobre vítima" e, por trás de cada palavra minha, se esconderia uma acusação: "Vocês todos são tããão maus, enquanto eu sou tããão bonzinho".

Procure sentir, profundamente, no mais íntimo de si, e quem sabe você encontrará outros motivos que o levam a agir dessa maneira. E, não importando quais motivos você encontre, diga a essa parte: "Eu sinto muito" e "Eu a amo". Isso você **não** diz para o colega submisso ou para a pessoa que você fantasiou como submissa, mas você diz **para si mesmo**, para a parte em você que acabou de ser inquirida: "Por que eu me dirigiria às pessoas dessa forma, se eu fosse essa pessoa submissa?".

E quando você sentir medo, se for ler novamente as mais novas catástrofes no jornal, pode fazer o mesmo. Pergunte-se: *Se eu tivesse ocasionado isso, por que eu teria feito isso?* Cure essa parte em você. Com isso, o mínimo que pode conseguir, é contribuir, imediatamente, com sua energia, para alcançar e vivenciar o que você deseja, em vez de alimentar com energia de medo, aquilo que não deseja para si.

Como se comunica amor?

Saber comunicar amor é uma capacidade importante e nós (eu e Manfred) a exercitamos intensamente. Quanto mais comunicamos amor, tanto mais o revigoramos em nós mesmos e, assim, reforçamos um dos sentimentos mais poderosos que existem.

Mas, como se comunica amor? Felizmente, isso é muito simples e não exige altas capacidades intelectuais. Portanto, nós concluímos o livro com o mais simples de todos os exercícios, pois tudo o que é realmente essencial na vida, pode ser feito por qualquer pessoa. Isso ocorre de forma semelhante com as ervas medicinais: as mais fortes são as que vemos mais frequentemente na natureza, sendo assim, a rainha das ervas medicinais é a *Urtica dioica*, popularmente conhecida como Urtiga. Muitas coisas que podem nos parecer simplórias e profanas demais tendem a ser, na verdade, o melhor que a vida tem a nos oferecer.

Voltemos ao amor e como o comunicamos: imagine um músico profissional, o melhor do mundo em seu instrumento, em termos técnicos, dando um concerto neste momento. Infelizmente, o estudo da música o abateu. As diversas e complicadíssimas regras musicais, escalas, graus da escala em algarismos romanos, baixo cifrado com seus números, análise das partituras, além das cinco horas de estudo por dia fizeram dele alguém melancólico e fatigado. Ele é o melhor músico do mundo tecnicamente, mas o aplauso do público é apenas comedido. Isso ele não consegue compreender. Ele não é o melhor?

Eis que surge um garotinho no palco, "Joãozinho", como entretenimento, na hora da pausa. Ele toca o mesmo instrumento que nosso músico profissional. Mas só conhece três acordes. Só que esses três acordes ele toca com profunda alegria interior, com paixão. O público se entusiasma e o aplaude de pé. "Que diabo está acontecendo agora com essas pessoas?", pergunta-se nosso frio e polido "supermúsico-profissional". "Muito simples", como diria Duncan Lorian, um dos mais geniais *experts* em música do mundo, aliás, quem cunhou este exemplo, "o músico profissional tomado como exemplo, apenas 'toca'. Mas a criança se comunicou, verdadeiramente, através da música. Este é o real propósito, a razão da música[26]".

A música é um meio artístico para comunicação e expressão de sentimentos. Ninguém quer ouvir quem simplesmente "executa" música, com nulidade de sentimento e comunicação. Em contrapartida, não é preciso ser um *expert* em música para poder se comunicar bem com a música e, por meio dela, expressar sentimentos. O menino do nosso exemplo foi capaz disso e Elton John também ganha seus milhões tocando sempre seus dois acordes preferidos, que sempre se repetem. Ele só sabe ler pouquíssimas notas. Portanto, a técnica, unicamente, não faz um grande músico.

Como na música, a comunicação de sentimentos é bastante semelhante em nosso dia-a-dia. Tudo depende do sentimento que temos ao fazermos as coisas, e não da execução com "perfeição técnica". Nosso sentimento é transmitido automaticamente e produz novos "harmônicos" em tudo o que fazemos ou dizemos.

Harmônicos? Sim, não posso deixar de fazer

---

[26] Para quem desejar aprender a expressar sentimentos por meio da música ou fazer composição própria, não importando se se trata de um absoluto leigo ou de um músico profissional, Duncan Lorian torna isso possível em dois fins de semana. Seus seminários, na Alemanha, são simplesmente geniais. Confira em www.dlorien.com e www.musik-verstehen.com.

novamente uma breve comparação com a música. O timbre é a qualidade do som de um piano que, por exemplo, mostra-se nos harmônicos, que produz (som mais altos que vibram juntamente com cada som fundamental). Um piano de má qualidade produz harmônicos áridos e tediosos. Um piano nobre, que custa de dez a cem vezes mais que o outro, simplesmente, produz harmônicos completamente diferentes, ou seja, a qualidade de som é notadamente superior. Eles não soam áridos, nem tediosos, muito menos ordinários, e sim se dispõem de forma mágica, para que nos seja possível relaxar enquanto os ouvimos, ao mesmo tempo em que nos sentimos revigorados e energizados. Suponhamos que a pessoa que toca esse piano de acordo com sua nobreza, seja alguém capaz de se comunicar mesmo por meio da música. De forma igualmente mágica, esses timbres também se transformam, dependendo da atitude interior com que se toca o instrumento. Tocar mecanicamente ou vibrar junto com o som em nosso interior — até para os leigos, a disparidade é audível.

Retornando ao amor vivido no dia-a-dia, você acrescenta um novo "timbre" ou uma nova energia, se o fizer com amor. Só isso já pode ser considerado como forma de comunicação.

• A comida desenvolve outros "timbres de gosto" e também assume diferentes aromas, dependendo da atitude interior com que se cozinha.

• A sua comunicação não-verbal (tom de voz, gestual, expressão facial) adquire um "timbre" diferente, de acordo com sua atitude interior.

• Quanto mais autêntico você for, a energia nas entrelinhas de suas cartas se torna mais rica.

• Você não sabe cantar e quase nunca acerta o tom? Não importa! Todo som cantado com amor, mesmo que soe esquisito, possui uma série harmônica curativa.

• Ter uma "mão-boa" para plantar: um fenômeno da comunicação não-verbal com as plantas, que percebem o seu amor.

• Animais e crianças adoram você? Por quê? Porque eles sentem o seu coração.

• Você pode atuar numa peça de teatro e fazer toda a plateia bocejar, ou então, com o mesmo texto original, você pode fazer o maior sucesso, se fizer o que faz, com amor e alegria.

• Sua casa está sempre arrumada? Que bom. Mas para se sentir bem dentro dela você precisa arrumar as coisas com amor. O seu Eu Superior expressa, automaticamente, a sua vibração no campo harmônico, passando também bem perto de toda a percepção consciente de sua parte.

Resultado

Tudo o que você faz, diz, canta, vibra, movimenta, constrói e planeja, possui a sua vibração. Ela se expressa como uma espécie de timbre, que vibra em conjunto com todas as coisas. Para se comunicar amor, é preciso, portanto, que se seja amor. O amor se comunica por si só. E quem escuta também é o espírito da Unidade do Todo, que é igualmente atraído por essa vibração, assim como o resto da natureza, desde o homem até o rato. Nessa vibração, o Universo pretende uma única coisa — ajudá-lo para que a realização de seus desejos aconteça, o mais rápido possível!

- ❖ Um sentimento básico de vida positivo.
- ❖ Amor e uma maravilhosa ligação com a força elementar, em todas as coisas que fizer.
- ❖ A capacidade de vivenciar inteiramente os sentimentos, no momento presente, sem se identificar totalmente com eles.
- ❖ Um coração aberto e a sensação da Unidade do Todo em todas as coisas.
- ❖ E uma vida pessoal feliz e cheia de realizações.

Bärbel e Manfred

Anexo

Meditação para ler e sentir

Este texto é de autoria da médium e curandeira Ramona Rosenstern. Ela o escreveu para mim (Bärbel), num momento em que eu não estava produzindo sentimentos propriamente bem positivos. Fiquei tão feliz, que logo me veio a ideia de compor meditações para ler e sentir a partir dele. Funciona assim: Você se senta quieto, em algum canto, para ler apenas algumas linhas deste texto. Depois, fecha os olhos e deixa que essas linhas atuem sobre você e, então, procura perceber, em seu íntimo, quais sentimentos elas lhe provocam. Assim, você pode proceder de acordo com seu próprio tempo, que jamais será rápido demais, ou lento demais, como num relaxamento conduzido num CD. Apesar de relaxamentos também possuírem suas qualidades, são simplesmente outras qualidades.

A viagem da borboleta

Sente-se com as costas eretas e se deixe tomar, profundamente, por sua respiração.

Respire fundo e se concentre em sua respiração. Libere!

A cada expiração, libere tudo. Nada nem ninguém pode lhe furtar esse magnífico momento. — *Feche os olhos por alguns instantes e sinta em seu íntimo, enquanto continua a respirar desse modo.*

Você merece, respire fundo e aprecie cada inspiração. *— Feche os olhos novamente e aproveite a quietude nesse momento.*

Enquanto você lê essas linhas, é dado início a uma transferência de energia para o seu absoluto bem-estar. Continue inspirando e expirando profundamente.

Imagine simplesmente que seria possível. Só de você imaginar receber a energia de energias bem-intencionadas, da natureza e da força elementar, já se eleva o seu bem-estar. E aqui, nesta parte, deixo você à vontade, para determinar quando, onde e por quanto tempo será feita uma pausa, a fim de que o que foi lido possa fazer efeito e que este seja perceptível em você!

Imagine que você vai passear num campo florido e ouve o assovio do vento passando por entre as árvores. Centenas de borboletas sobrevoam o campo e o cumprimentam: "Que bom que você esteja entre nós. Seja bem-vindo à leveza do ser". Você responde com um sorriso amoroso, inspira e expira fundo e também cumprimenta esses seres divinos e maravilhosos.

Uma borboleta está voando bem na frente do seu nariz e lhe pergunta: "Você está sentindo o perfume das flores do campo?". Procure sentir o cheiro e assimile toda a força curativa dessas flores e plantas. Respire fundo, com todo o amor.

Você consegue enxergar todas as cores que os cercam? Olhe! Olhe ao redor! Assimile todas as cores! **Agora!**

Nesse momento, a borboleta verte uma lágrima por você, porque ela o ama muito. Você consegue ver isso?

Você a acaricia e diz: "Ei... Eu amo você também e fico muito feliz por poder estar aqui. Eu sinto o amor e a força que fluem de você para mim. Aqui e agora, neste instante. Obrigada". E ela, cantando, e com profunda alegria, bate asas rumo ao mar de flores.

Você ainda está pensando nisso? Continua de olhos fechados, percebendo as imagens e os sentimentos decorrentes?

Você rodopia, jogando seus braços para o céu e as nuvens o presenteiam com o sorriso mais deslumbrante, por causa do seu coração tão encantador. Sorrindo você diz bem alto: "Eu sou livre, livre, livre!". E a cada inspiração, sente a liberdade em seu íntimo, que revigora sua saúde e o enche de paz. Receba isso, como se não houvesse mesmo outro jeito. Exatamente agora, neste instante.

Essa borboleta pousa no seu nariz, olha-o docemente e diz: "Você é tão lindo e tão bondoso, de onde você veio? Nunca o vi antes, aqui, neste paraíso. Se você não estivesse aqui, sentiríamos sua falta em nosso mundo de paz interior".

Você responde: "Sabe, eu havia me esquecido que aqui também é o meu lugar". E você fica muito pensativo...

Com suas asas, a borboleta acaricia seu nariz e diz: "Sabe, você é muito importante aqui. E também é importante para si mesmo. Liberte todo o seu estresse e deixe seus sentimentos fluírem. Sim, que fluam, para que você possa se sentir livre novamente. Muitas vezes as pessoas que estão procurando seu caminho se esquecem do próprio corpo. Ele é um presente de Deus, um receptáculo divino. Use-o e proteja-o, como seu tesouro mais precioso. Descanse sempre que precisar. Nós nos alegramos por você existir e lhe enviamos, com todo o prazer, energias maravilhosas e tempo só para você, querida criatura. Você é sempre muito bem-vinda".

Respire fundo e agradeça a essa borboleta pelo

tempo dispensado e pela dedicação; pelo amor e pelo bem-estar.

Nossa! O que é isso? Uma grande bolha de sabão flutua sobre a sua cabeça. Oh! Agora ela estourou. Pó de ouro e muitas estrelas coloridas chovem sobre você. Você chora de alegria e pega a maior quantidade que puder. As estrelas saltitam, dançam com você. Ah! Que coisa linda!

Concentre-se durante um determinado tempo nessa imagem. Depois, volte sua atenção, devagarzinho, para o *aqui e agora*.

Por Ramona Rosenstern (www.rastoa.de)

Sinceros agradecimentos à Ramona, pela autorização para fazermos uso de seu texto, com os melhores votos a todos aqueles que "meditam, sentindo o que leem".

Bärbel Mohr

Sucessos de ZIBIA GASPARETTO

Crônicas e romances mediúnicos.
Mais de dez milhões de exemplares vendidos. Há mais de quinze anos, Zibia Gasparetto vem se mantendo na lista dos mais vendidos, sendo reconhecida como uma das autoras nacionais que mais vendem livros.

Crônicas: Silveira Sampaio
- Pare de Sofrer
- O Mundo em que Eu Vivo
- Bate-Papo com o Além
- O Repórter do Outro Mundo

Crônicas: Zibia Gasparetto
- Conversando Contigo!
- Eles Continuam Entre Nós

Autores Diversos
- Pedaços do Cotidiano
- Voltas que a Vida Dá

Romances: Lucius
- O Amor Venceu
- O Amor Venceu (em edição ilustrada)
- O Morro das Ilusões
- Entre o Amor e a Guerra
- O Matuto
- O Fio do Destino
- Laços Eternos
- Espinhos do Tempo
- Esmeralda
- Quando a Vida Escolhe
- Somos Todos Inocentes
- Pelas Portas do Coração

- A Verdade de Cada Um
- Sem Medo de Viver
- O Advogado de Deus
- Quando Chega a Hora
- Ninguém é de Ninguém
- Quando é Preciso Voltar
- Tudo Tem Seu Preço
- Tudo Valeu a Pena
- Um Amor de Verdade
- Nada é Por Acaso
- O Amanhã a Deus Pertence
- Onde Está Teresa?
- Vencendo o Passado

Sucesso de SILVANA GASPARETTO

Obra de autoconhecimento voltada para o universo infantil.
Textos que ajudam as crianças a aprenderem a identificar seus sentimentos mais profundos tais como: tristeza, raiva, frustração, limitação, decepção, euforia etc., e naturalmente auxiliam no seu processo de autoestima positiva.

- Fada Consciência

Sucessos de LUIZ ANTONIO GASPARETTO

Estes livros vão mudar sua vida!
Dentro de uma visão espiritualista moderna, estes livros vão ensiná-lo a produzir um padrão de vida superior ao que você tem, atraindo prosperidade, paz interior e aprendendo acima de tudo como é fácil ser feliz.

- Atitude
- Faça Dar Certo
- Se Ligue em Você (adulto)
- Se Ligue em Você – no 1 (infantil)
- Se Ligue em Você – no 2 (infantil)
- Se Ligue em Você – no 3 (infantil)
- A Vaidade da Lolita (infantil)
- Essencial (livro de bolso com frases de autoajuda)
- Gasparetto (biografia mediúnica)
- Prosperidade Profissional
- Conserto Para uma Alma Só (poesias metafísicas)
- Para Viver Sem Sofrer

Série AMPLITUDE
- Você está Onde se Põe
- Você é Seu Carro
- A Vida lhe Trata como Você se Trata
- A Coragem de se Ver

CALUNGA
- "Um Dedinho de Prosa"
- Tudo pelo Melhor
- Fique com a Luz...
- Verdades do Espírito

LUIZ ANTONIO GASPARETTO EM CD

Aprenda a lidar melhor com as suas emoções para conquistar um maior domínio interior.

Série PRONTO SOCORRO
Autoajuda

1 – Confrontando o Desespero
2 – Confrontando as Grandes Perdas
3 – Confrontando a Depressão
4 – Confrontando o Fracasso
5 – Confrontando o Medo
6 – Confrontando a Solidão
7 – Confrontando as Críticas
8 – Confrontando a Ansiedade
9 – Confrontando a Vergonha
10 – Confrontando a Desilusão

Série VIAGEM INTERIOR (vols. 1 a 4 e 5 a 8)
Autoajuda • Exercícios de Meditação

Por meio de exercícios de meditação, mergulhe dentro de você e descubra a força de sua essência espiritual e da sabedoria. Experimente e verá como você pode desfrutar de saúde, paz e felicidade desde já.

- **Prosperidade**
- **A Eternidade de Fato**

Série CALUNGA
Autoajuda

- Prece da Solução
- Chegou a Sua Vez!
- Presença
- Tá Tudo bão!
- Teu Amigo

Série PALESTRAS
Autoajuda

- S.O.S. Dinheiro
- Mediunidade
- O Sentido da Vida
- Os Homens
- Paz Mental
- Romance Nota 10
- Segurança
- Sem Medo de Ter Poder
- Simples e Chique
- Sem Medo de Ser feliz

Série REALIZAÇÃO
Autoajuda

Com uma abordagem voltada aos espiritualistas independentes, eis aqui um projeto de 16 CDs para você melhorar. Encontros com o Poder Espiritual para práticas espirituais de prosperidade. Nesta coleção você aprenderá práticas de consagração, dedicação, técnicas de orações científicas, conceitos novos de forma espiritual, conhecimento das leis do destino, práticas de ativar o poder pessoal e práticas de otimização mental.

Série VIDA AFETIVA
Autoajuda

1 – Sexo e Espiritualidade
2 – Jogos Neuróticos a Dois
3 – O que Falta pra Dar Certo
4 – Paz a Dois

Série LUZES
Autoajuda • Coletânea com 8 CDs • Volumes 1 e 2

Este é um projeto idealizado pelos espíritos desencarnados que formam no mundo astral o Grupo dos Mensageiros da Luz. Por meio de um curso ministrado no Espaço Vida & Consciência, pela mediunidade de Gasparetto, eles nos revelaram os poderes e mistérios da Luz Astral, propondo exercícios para todos aqueles que querem trabalhar pela própria evolução e melhoria do planeta. Nesta coletânea, trazemos essas aulas, captadas ao vivo, para que você também possa se juntar às fileiras dos que sabem que o mundo precisa de mais luz.

Série ESPÍRITO
Autoajuda

1 – Espírito do Trabalho
2 – Espírito do Dinheiro
3 – Espírito do Amor
4 – Espírito da Arte
5 – Espírito da Vida
6 – Espírito da Paz
7 – Espírito da Natureza
8 – Espírito da Juventude
9 – Espírito da Família
10 – Espírito do Sexo
11 – Espírito da Saúde
12 – Espírito da Beleza

Série PALESTRA
Autoajuda

1 – Meu Amigo, o Dinheiro
2 – Seja Sempre o Vencedor
3 – Abrindo Caminhos
4 – Força Espiritual

LUIZ ANTONIO GASPARETTO **EM DVD**

O MUNDO EM QUE EU VIVO
Autoajuda

Momentos inesquecíveis da palestra do Calunga proferida no dia 26 de novembro de 2006 no Espaço Vida & Consciência.

OUTROS AUTORES (Nacionais)

Conheça nossos lançamentos que oferecem a você as chaves para abrir as portas do sucesso, em todas as fases da sua vida.

LOUSANNE DE LUCCA
• Alfabetização Afetiva

MARIA APARECIDA MARTINS
• Primeira Lição – "Uma cartilha metafísica"
• Conexão – "Uma nova visão de mediunidade"
• Mediunidade e Auto-Estima

VALCAPELLI
• Amor Sem Crise

VALCAPELLI e GASPARETTO
• Metafísica da Saúde
    Vol. 1: sistemas respiratório e digestivo
    Vol. 2: sistemas circulatório, urinário e reprodutor
    Vol. 3: sistemas endócrino (incluindo obesidade) e muscular
    Vol. 4: sistema nervoso (incluindo coluna vertebral)

FLAVIO LOPES
• A Vida em Duas Cores

MECO SIMÕES G. FILHO
• Eurico – um urso de sorte (infantil)
• A Aventura Maluca do Papai Noel e do Coelho da Páscoa (infantil)

MAURÍCIO DE CASTRO (pelo espírito Hermes)
• O Amor Não Pode Esperar

RICKY MEDEIROS
- A Passagem
- Quando Ele Voltar
- Pelo Amor ou Pela Dor...
- Vai Amanhecer Outra Vez
- Diante do Espelho

LEONARDO RÁSICA
- Fantasmas do Tempo – Eles Voltaram Para Contar
- Luzes do Passado

VERA LÚCIA CLARO
- Stef – A Sobrevivente

LILIANE MOURA
- Viajando nas Estrelas

LUCIMARA GALLICIA
- Sem Medo do Amanhã

MÁRCIO FIORILLO (ditado por Madalena)
- Em Nome da Lei

MARCELO CEZAR (ditado por Marco Aurélio)
- A Vida Sempre Vence
- Só Deus Sabe
- Nada é como Parece
- Nunca Estamos Sós
- Medo de Amar
- Você Faz o Amanhã
- O Preço da Paz
- Para Sempre Comigo
- A Última Chance

MÔNICA DE CASTRO (ditado por Leonel)
• Uma História de Ontem
• Sentindo na Própria Pele
• Com o Amor não se Brinca
• Até que a Vida os Separe
• O Preço de ser Diferente
• Greta
• Segredo da Alma
• Giselle – A Amante do Inquisidor
• Lembranças que o Vento Traz
• Só por Amor
• Gêmeas

OUTROS AUTORES (Internacionais)

Arrisque-se para o novo e prepare-se para um surpreendente caminho de autodescoberta.

JOHN RANDOLPH PRICE
• O Livro da Abundância

SANDRA INGERMAN
• Resgate da Alma

SANKARA SARANAM
• Deus Sem Religião

ELI DAVIDSON
• De Derrotada a Poderosa

JOAN SOTKIN
• Desenvolva Seus Músculos Financeiros

ESPAÇO VIDA & CONSCIÊNCIA

É um centro de cultura e desenvolvimento da espiritualidade independente.

Acreditamos que temos muito a estudar para compreender de forma mais clara os mistérios da eternidade.

A Vida parece infinitamente sábia em nos dotar de inteligência para sobreviver com felicidade, e me parece a única saída para o sofrimento humano.

Nosso espaço se dedica inteiramente ao conhecimento filosófico e experimental das Leis da Vida, principalmente aquelas que conduzem os nossos destinos.

Acreditamos que somos realmente esta imensa força vital e eterna que anima a tudo, e não queremos ficar parados nos velhos padrões religiosos que pouco ou nada acrescentaram ao progresso da humanidade.

Assim, mudamos nossa atitude para uma posição mais cientificamente metodológica e resolvemos reinvestigar os velhos temas com uma nova cabeça.

O resultado é de fato surpreendente, ousado, instigador e prático.

É necessário querer estar à frente do seu tempo para possuí-lo.

Luiz Antonio Gasparetto

Mais informações:
Espaço Vida e Consciência – SP
Rua Salvador Simões, 444 – Ipiranga – São Paulo – SP
CEP 04276-000 – Tel./Fax: (11) 5063-2150
Espaço Vida e Consciência – RJ
Rua Santo Amaro, 119 – Glória – Rio de Janeiro – RJ
CEP 22211-230 – Tel./Fax: (21) 3509-0200
E-mail: espaço@vidaeconsciencia.com.br
Site: www.vidaeconsciencia.com.br

INFORMAÇÕES E VENDAS:

Rua Agostinho Gomes, 2312
Ipiranga • CEP 04206-001
São Paulo • SP • Brasil
Fone / Fax: (11) 3577-3200 / 3577-3201
E-mail: editora@vidaeconsciencia.com.br
Site: www.vidaeconsciencia.com.br